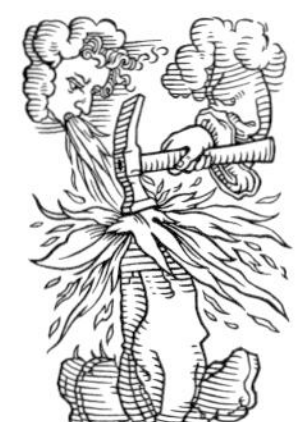

Un couronnement perpétuel

Charles VII (1403–1461) et la tapisserie du trône du Louvre

Monica Stucky-Schürer

Traduction de l'allemand par l'auteur en collaboration avec
Françoise Bruschweiler et Nathalie Le Luel

Schwabe Verlag Basel

Imprimé avec le soutien de la Berta Hess-Cohn Stiftung, Basel

Publié avec le soutien de la Freiwillige Akademische Gesellschaft Basel
et du Fonds national suisse de la recherche scientifique

Production: Schwabe AG, Muttenz/Basel, Suisse
Printed in Switzerland
ISBN 978-3-7965-3306-8

rights@schwabe.ch
www.schwabeverlag.ch

Table des matières

Remerciements

Je tiens à exprimer ma reconnaissance à tous ceux qui m'ont apporté soutien et encouragements au cours des années de préparation qu'a nécessité la réalisation de ce livre. Et en premier lieu à mon époux qui m'a soutenue de son affection et de ses conseils judicieux à chaque étape de mon travail.

Dès le moment où je me suis résolue à publier simultanément une version française – ce que réclamait à l'évidence l'objet de mon étude – j'ai pu compter en ce qui concernait la rédaction sur l'aide compétente de Françoise Bruschweiler (Genève) et de Nathalie Le Luel (Paris et Angers). Sans leur contribution infatigable et leur amitié la transmission du discours que j'avais pensé et formulé en allemand n'aurait jamais été aussi fidèle à mon propos.

J'aimerais encore remercier deux fondations bâloises de leur généreuse aide financière, la Fondation Berta Hess Cohn et son président Martin Hug ainsi que la Freiwillige Akademische Gesellschaft et son président Caspar Zellweger. Enfin mes remerciements s'adressent également pour leur contribution au Fonds National Suisse de la recherche scientifique.

Bâle, septembre 2013 — Monica Stucky-Schürer

Introduction

Cette étude a pour objet une tapisserie hors du commun, longtemps conservée dans une collection privée, tapisserie qui est entrée au Musée du Louvre en 2010 grâce à l'enthousiasme et à la générosité de la Société des Amis du Louvre.

Contrairement aux manuscrits enluminés dont l'étude est réservée à quelques rares spécialistes, cette tenture de qualité unique peut être admirée par tous les visiteurs passionnés de chefs-d'œuvre du Moyen-Age tardif. Elle a été placée dans le prolongement de la salle, dans laquelle sont exposées les sculptures en ivoire et l'orfèvrerie dont les dates s'échelonnent de l'époque carolingienne jusqu'à l'âge gothique. Sa présentation dans ce contexte est justifiée par la présence d'autres tapisseries médiévales. Il serait évidemment souhaitable de confronter notre tenture aux tableaux d'autels et aux portraits de l'art français primitif, qui figurent au début du département des Peintures à l'étage supérieur du Musée. Ce rapprochement se justifierait encore davantage depuis que le Louvre, très peu de temps après l'acquisition de la tapisserie, a pu acheter « Le Christ de Pitié » attribué à Jean Malouel, et auparavant conservé dans la paroisse de Vic-le-Comte (Puy-de-Dôme).[1] Pareillement au tondo du même peintre, la dite « Grande Pietà ronde » également conservée au Louvre, « Le Christ de Pitié » comporte des traits révélateurs de l'influence des primitifs flamands sur la peinture française. Elle s'est d'ailleurs concrétisée par l'immigration de Jean Malouel de Nimègue (duché de Gueldre) et de ses neveux Pol, Herman et Johan, les trois frères de Limbourg, dont l'activité pour le compte des princes de France et de Bourgogne s'est poursuivie entre 1395 et 1416. Bien que la tapisserie du trône soit stylistiquement enracinée dans cette tradition, elle ne se développe dans le domaine artistique, comme cette étude le montrera, qu'environ cinquante ans plus tard.

Le commentaire d'Umberto Eco à propos des « Très Riches Heures du duc de Berry » pourrait s'adapter tout aussi bien à cette image de couronnement du gothique tardif : «... combien y vibrent déjà les premières manifestations de la Renaissance ».[2]

Puisse cette tapisserie qui nous occupe ici, grâce à une meilleure connaissance des éléments culturels et artistiques qui font sa richesse, faire son entrée dans la grande histoire de l'art et occuper la place qui lui revient parmi les chefs-d'œuvre de son époque !

Si, par crainte de subjectivité, une approche scientifique n'est guère compatible avec l'expression de sentiments et de jugements esthétiques, il nous paraît légitime de faire ici une exception ; la fascination qu'exerce la tapisserie tant auprès des amateurs que des historiens d'art en fournit à mon sens une raison suffisante.

Malgré le manque de sources historiques, la tenture peut être mise en relation avec un roi Valois – très probablement Charles VII. Les éléments de l'iconographie y invitent clairement, grâce aux tuniques bleu foncé ornementées de fleurs de lys que revêtent les deux anges descendant du ciel et portant la couronne royale ornée elle aussi des fleurs de lys, symboles de la monarchie française. En outre le semi de soleils dorés sur fond cramoisi de même que le style et la technique, comparables à ceux d'autres tapisseries du milieu du XVe siècle, pointent en direction de Charles VII comme détenteur mais également très probablement le commanditaire de cette tapisserie du trône.

Mon analyse ne portera pas uniquement sur l'œuvre elle-même. Après avoir examiné son iconographie, ses caractéristiques matérielles et techniques, sa fonction et la qualité de son expression artistique, je m'intéresserai également aux étapes marquantes de la vie de Charles VII, aux emblèmes de son pouvoir, au rituel de son couronnement, au cérémonial en vigueur lors des réceptions données à sa cour et finalement à sa soif inextinguible de représentation.

La vie mouvementée du roi, particulièrement en ce qui concerne l'épisode controversé de Jeanne d'Arc, a suscité de son vivant déjà un large intérêt. Sa biographie a été continuellement complétée par de nombreux chroniqueurs et historiens à travers les siècles jusqu'aux temps modernes. Suivant la mentalité de l'époque ou les sources consultées, l'appréciation qu'ils ont portée sur le règne de Charles VII a considérablement varié.[3]

Le but principal de cette recherche est de redonner toute sa place à ce monarque d'importance majeure dans la construction de l'identité française, non seulement dans la perspective de l'historien, mais aussi du point de vue de l'histoire culturelle et l'histoire des mentalités. C'est grâce à l'inventaire complet des connaissances portant sur les origines d'un commanditaire, ses traits de caractère, ses points forts et faibles, ses ressources matérielles et ses relations, que les motivations de celui-ci, tout autant que l'importance qu'il accorde aux valeurs artistiques peuvent être mieux saisis. Tout en respectant les dates et les évènements les plus importants de la vie de Charles VII, nous n'avons toutefois pas l'intention d'analyser ceux-ci sous tous les aspects, pas plus que de nous pencher sur leurs conséquences politiques, tâche qui revient de droit aux historiens.

Georges Minois, un des derniers biographes de Charles VII, l'a qualifié de « roi shakespearien » dans le sous-titre de son ouvrage de 2005.

Même si l'on connaît assez bien les nombreuses facettes de ce personnage complexe qui vécut à la charnière du Moyen-Age tardif et des temps modernes, personne n'a jamais étudié la relation existant entre ses ambitions de propagande et leur mise en scène publique à l'aide d'images appropriées. La tapisserie du trône, nouvellement réapparue et récemment acquise par le Musée du Louvre, nous offre l'occasion idéale de combler cette lacune.

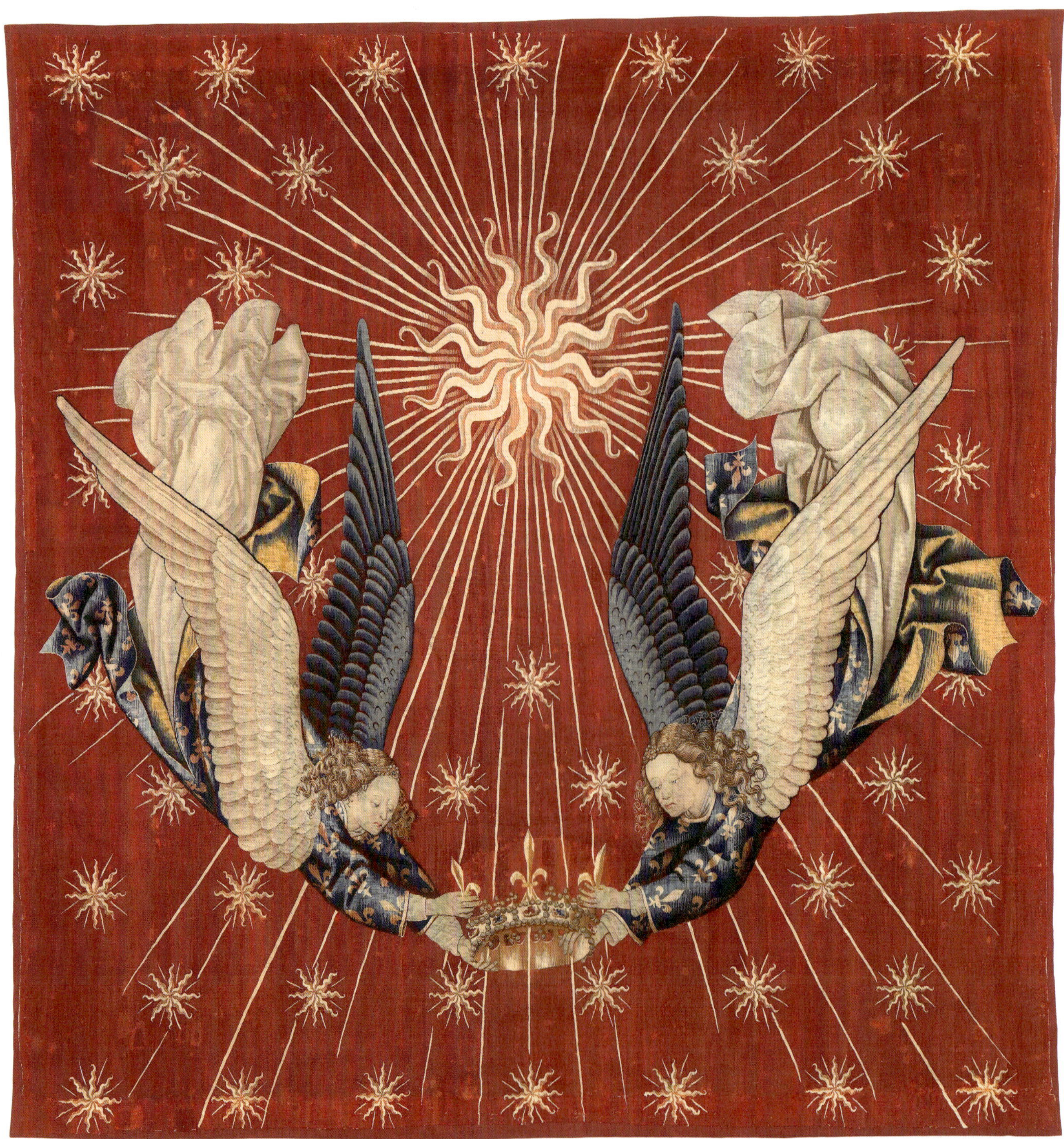

La tapisserie du trône conservée au Louvre

Acquisition

Lorsqu'en janvier 2008, la tapisserie apparut sur le marché lors d'une succession, sa valeur exceptionnelle parut d'emblée incontestable. **[1]** Cette œuvre du milieu du XVe siècle frappe en effet aussi bien par son iconographie unique que par sa haute qualité artistique et sa perfection technique.

1 « Un couronnement perpétuel », tapisserie du trône, Tournai, entre 1453 et 1461. Paris, Musée du Louvre.

La même année elle fut officiellement qualifiée de « trésor national » par le ministère de la Culture, pour éviter que ce bien culturel d'intérêt majeur pour le patrimoine français ne quitte le territoire. Pourtant, l'acquisition par le Musée du Louvre une fois décidée, la recherche des fonds nécessaires fut plus difficile que prévue en raison de la crise financière, car le seul mécène en lice se retira brusquement. A ce moment crucial, la Société des Amis du Louvre proposa de compléter les moyens dont disposaient le Musée du Louvre et le Fonds du patrimoine, ce qui débloqua la situation. Ainsi la pièce qui avait selon toute probabilité décorée le trône de Charles VII, fut-elle solennellement inaugurée en 2010 et exposée au sein du département des Objets d'art.[4] Malheureusement, puisque les anciens propriétaires tiennent à conserver l'anonymat, il ne nous est pas possible de remonter plus avant dans l'histoire de cette tapisserie et d'en établir un *pedigree*.

Description

Dans une parfaite symétrie axiale, deux anges aux ailes déployées apportent depuis les sphères célestes la couronne d'or fleurdelisée. Leurs silhouettes plongeantes se détachent sur un fond rouge cramoisi.[5] Leurs mains présentent en un geste délicat le précieux joyau incrusté de perles et de pierreries, vers lequel ils dirigent leur regard à demi voilé de leurs yeux aux paupières alourdies. Leurs visages se caractérisent par quelques traits finement dessinés : l'arc à peine visible des sourcils et leur petite bouche en cœur aux lèvres rouge cerise. **[2 à 5]** Un mince diadème de perles orné d'un médaillon central retient leur chevelure de boucles blondes qui retombe sur leurs épaules et dont les ondulations captent les mille reflets de la lumière. Quelques cheveux isolés s'échappent des mèches bouclées et donnent vie à leurs visages.

La face interne de leurs ailes est revêtue de plumes blanches tandis que leur face externe arbore un plumage composé de divers tons de bleu ; les corps des deux êtres célestes sont entièrement enveloppés de longs vêtements flottant, dont n'émergent que leurs mains. Par-dessus leur aube blanche ils portent une tunique bleue fleurdelisée, fen-

2 + 3 Les deux anges, détail fig. 1.

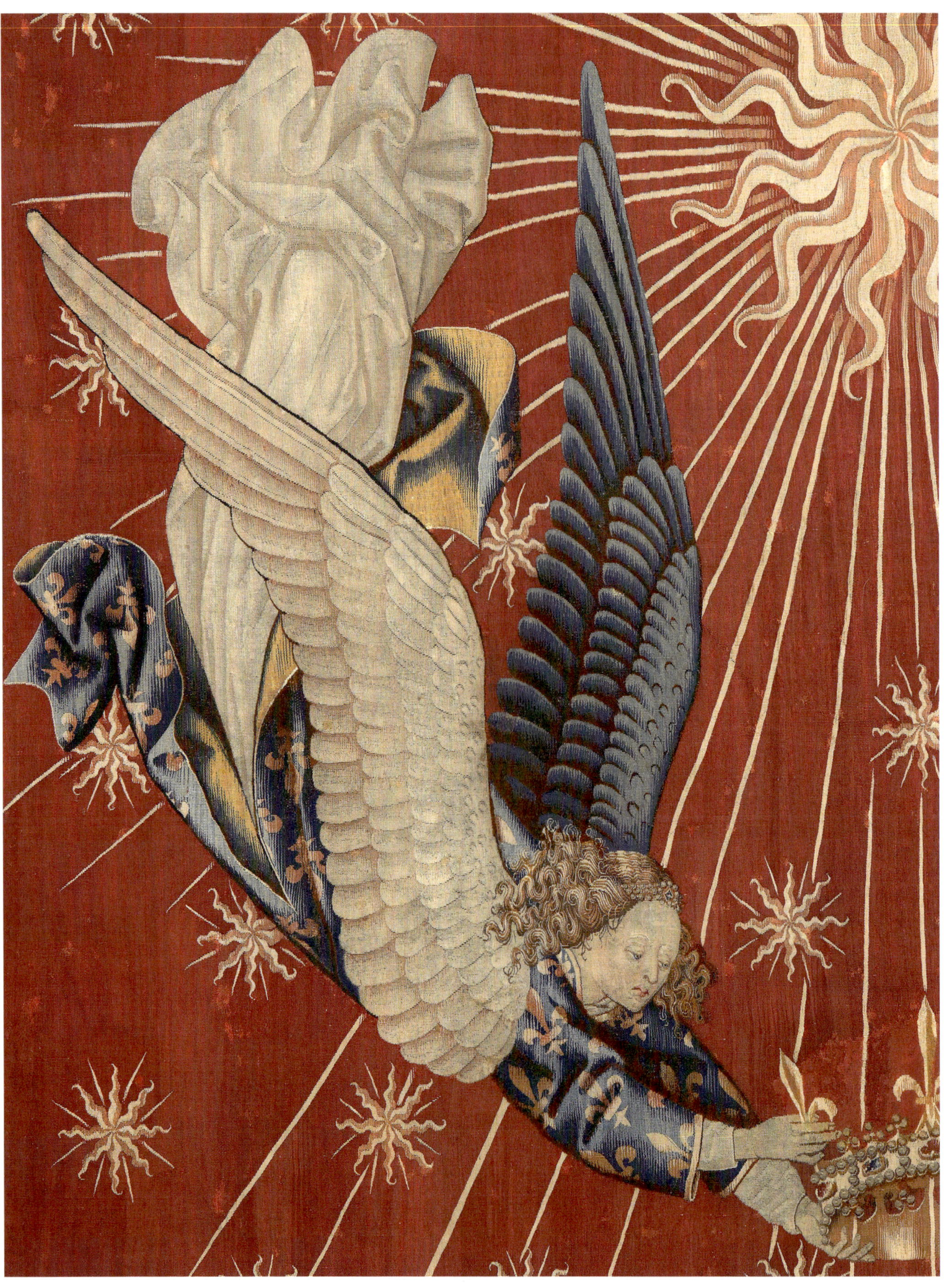

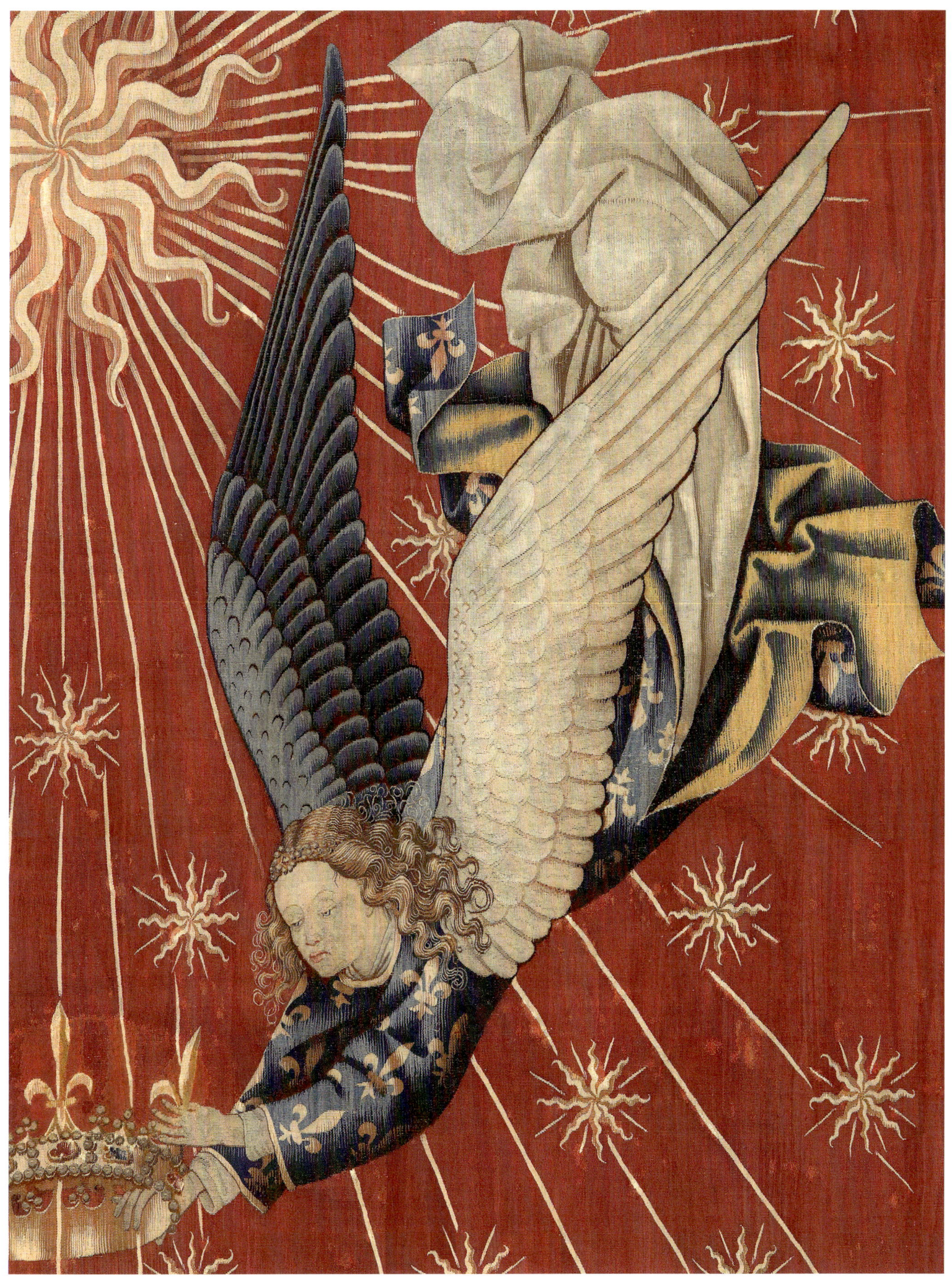

due sur le côté et doublée d'un tissu jaune-or, dont les plis sont ombrés de bleu et vert foncé.

Le riche drapé de leurs tuniques et les pans blancs de leurs aubes flottent derrière eux encadrant l'élément central, l'astre solaire, *l'oriflamme* héraldique. L'apparition des anges trouve ainsi son pendant dans l'astre emblématique dont les douze rayons moitié jaune clair et jaune foncé ont l'aspect de flammèches mouvantes, en rotation continue autour de leur axe. De fins rayons partent encore dans toutes les directions, tels des aiguilles groupées en faisceaux de cinq. Ils passent derrière les corps des anges et ne traversent que la couronne, moyen que l'artiste a utilisé pour rehausser l'éclat de l'or et pour mettre en valeur le motif principal. La propagation des rayons rappelle celle entourant la colombe du Saint-Esprit et descendant sur la tête des apôtres dans l'iconographie de la Pentecôte mais aussi sur celle d'autres élus de Dieu.[6] **[M 14, p. 77]** Les rayons sur la tapisserie ne s'interrompent que pour céder la place à des astres de taille réduite, qui scintillent intensément à leur tour grâce à leurs petites flammèches alternant avec de fins rayons.

La tapisserie du trône ne montre qu'une seule scène. Loin d'offrir une rigueur héraldique, les deux anges sont individualisés aussi bien par l'expression de leurs visages et les ondulations de leurs chevelures que par le bouffant de leurs vêtements. Les deux diagonales de leur corps flottant dans l'espace, leurs ailes déployées et leurs bras tendus vers la couronne forment une ligne parabolique, qui rappelle celle d'une coupe. De même, rien n'est laissé au hasard dans la mise en scène non seulement de l'important emblème solaire, mais également des petites étoiles et des faisceaux lumineux : par exemple les trois étoiles en position de triangle au-dessus de la couronne évoquent la Trinité. Le rendu du phénomène lumineux est ce qui frappe le plus dans cette image textile. Dans l'art de l'enluminure contemporaine, seuls les artistes les plus éminents comme par exemple Jean Fouquet, ou encore un des ses précurseurs, le Maître de Rohan, auraient été capables de transposer l'effet de la lumière de façon aussi magistrale.

En raison du dynamisme du mouvement dont elle donne l'illusion, la tapisserie du Louvre ne peut certes pas être qualifiée d'image figée. Bien au contraire, grâce à l'harmonie qui s'en dégage et à la perfection de son exécution le ou les artistes du Moyen-Age tardif ont réussi à donner au spectateur l'impression que l'image constitue un instantané, impression comparable à la sensation qui est devenue évidente des siècles plus tard pour les générations habituées aux techniques de la photographie et du film.

Caractéristiques matérielles et techniques

Les matériaux employés à la confection de la tenture sont la laine et partiellement le lin. Par ailleurs, lorsqu'il s'agit de commandes de prestige, les livres de compte et les inventaires de tapisseries mentionnent presque obligatoirement l'origine des fils d'or ou d'argent : Florence, Lucques, Venise ou Chypre. Les fils métalliques sont cependant absents de la tapisserie du trône, ce qui étonne d'autant plus que, pour rendre le phénomène de la lumière, l'éclat de la couronne ou des fleurs de lys, les raisons d'avoir recours à des fils d'or ne manquaient pas.

La plupart des contrats du XVe siècle passés entre le commanditaire et le marchand réglait à l'avance les dimensions exactes des futures tapisseries et la quantité de matériel nécessaire : à côté de la laine indispensable pour la chaîne et la majeure partie de la trame, il fallait prévoir la soie et les fils d'or et d'argent. Les deux derniers, en raison de leur prix élevé, étaient évalués selon leur poids et repartis proportionnellement entre les différents exemplaires de la série de tapisseries pour garantir la coloration identique de toutes les pièces. Ce procédé était important, dans la mesure où pour gagner du temps il fallait répartir la confection des diverses tapisseries entre plusieurs ateliers. La capacité de rendre l'éclat de la lumière, à partir de fils de laine matte au lieu de fils de soie ou de fils d'or et d'argent naturellement brillants, demandait au tapissier une expérience approfondie du métier et une bonne dose de talent.

L'artisan disposait de peu de moyens pour transposer dans la structure textile les contours et le modelage suggérés par le dessin préparatoire. Jouant un rôle comparable aux hachures de l'art graphique, l'interpénétration des tons servait à exprimer les dégradés des couleurs ou les parties ombragées. Vers le milieu du XVe siècle les hachures étaient encore faites de traits droits et parallèles, comme on peut le constater dans notre tapisserie ; **[4+5]** ce n'est que dans les décennies ultérieures qu'elles prirent une forme ondulée.

Dans le système de tissage où les fils de la chaîne forment un angle droit par rapport à ceux de la trame, le rendu de l'image est réservé exclusivement aux fils plus fins de la trame. Avec une densité approximative de 15 à 25 fils par centimètre la trame multicolore recouvrait complètement la chaîne en fil incolore et plus grossier d'une densité elle, de 5 à 6 fils par centimètre. L'ouvrage une fois achevé la chaîne était cachée sous la trame et avait l'aspect d'une structure côtelée, comparable à celle qu'on peut observer dans les tapis *kélims*.

La perfection avec laquelle le phénomène lumineux est mis en scène, tient en grande partie à la distribution diagonale des faisceaux de

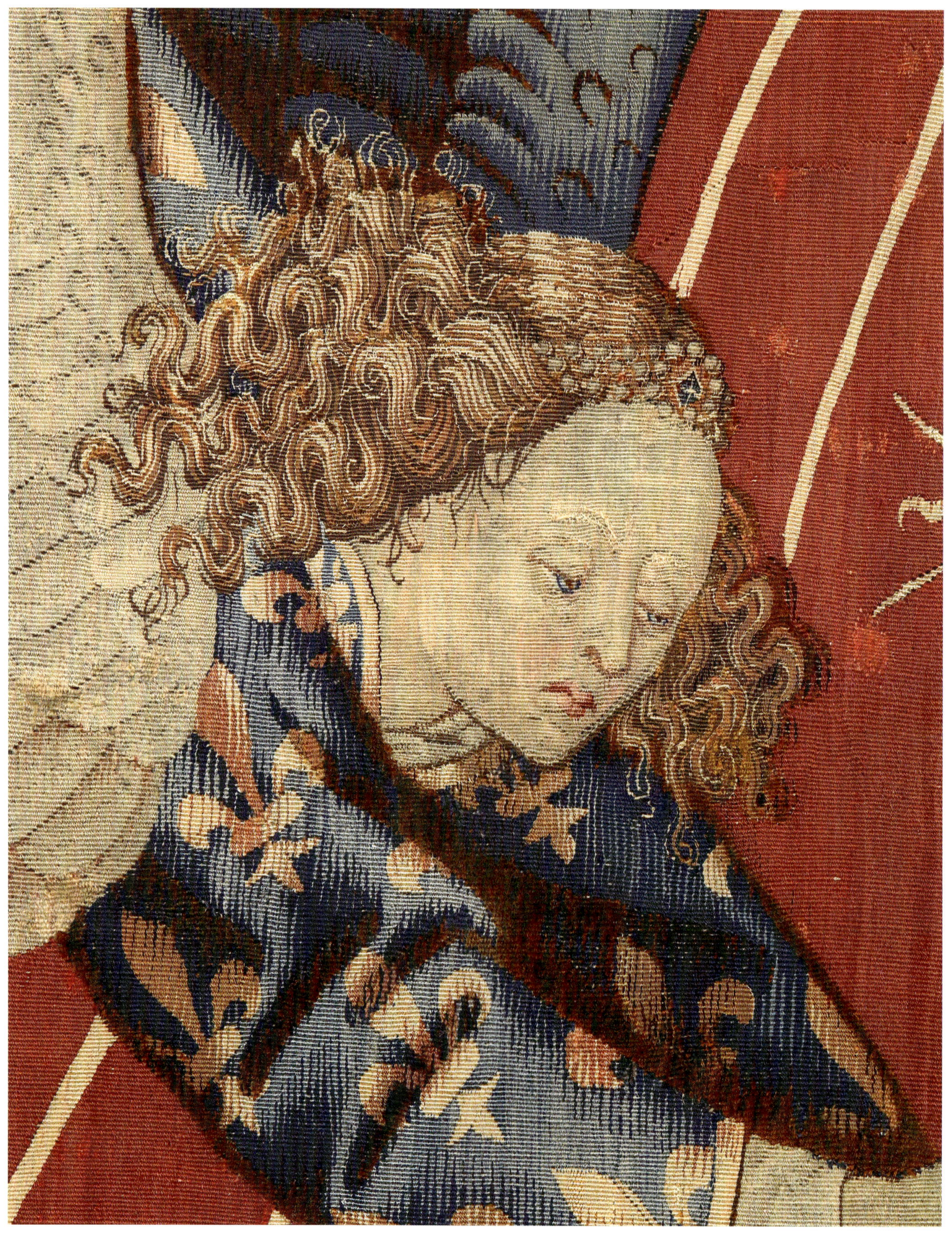

4 + 5 Têtes des deux anges, détail fig. 1.

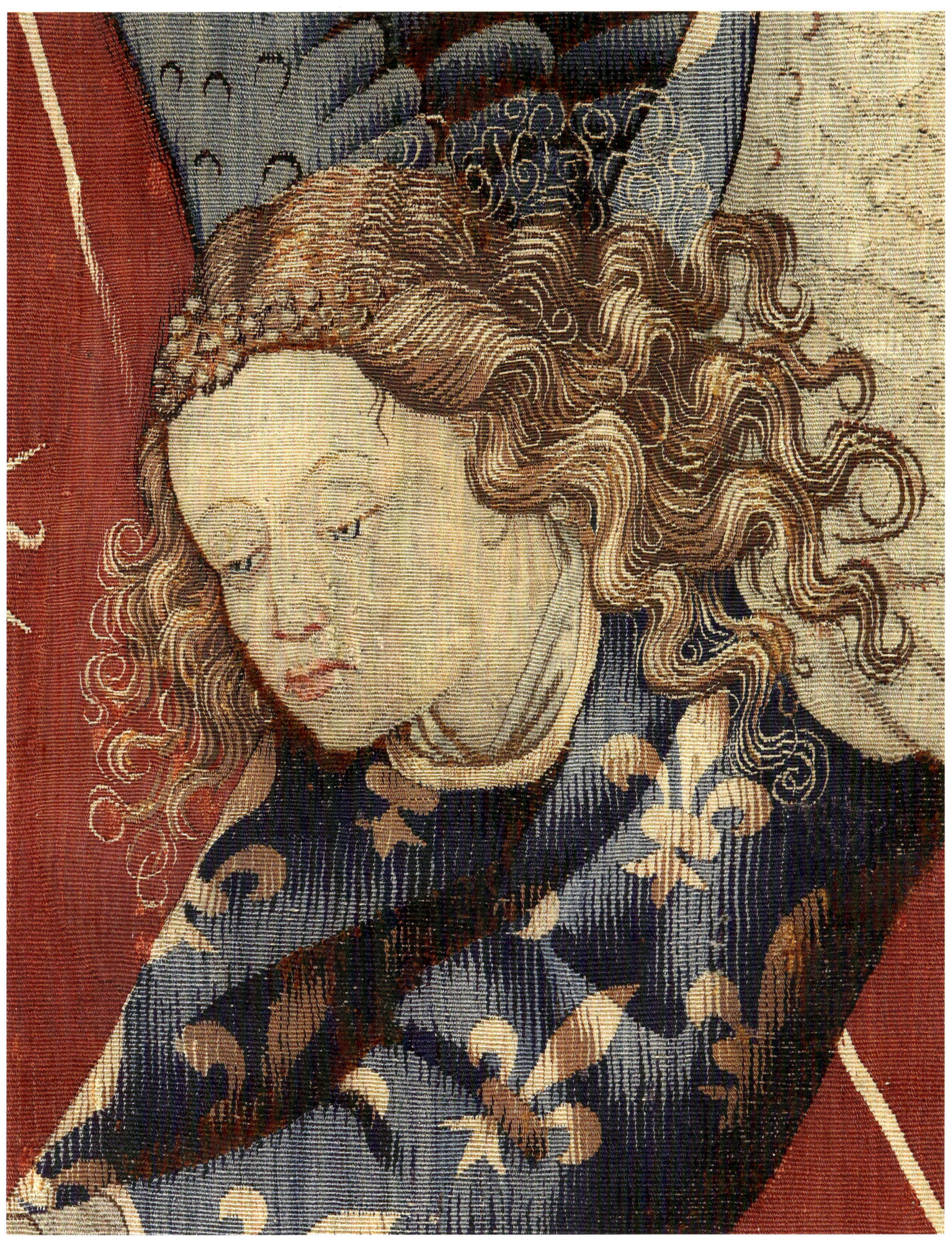

rayons à travers tout le motif. Si l'on prend en considération les lois qui régissent la technique du tissage, selon lesquelles les fils de la trame ne peuvent s'adapter aux lignes et contours imposés par la chaîne qu'avec de légers décrochements, on ne peut qu'être impressionné par le rendu absolument rectiligne des rayons lumineux. **[1, p. 10 + 6, p. 19]**

Une vue agrandie du visage de l'ange, permet de constater que les fils de trame alignés horizontalement font apparaître des nuances subtiles dans la coloration au ton légèrement rosé. **[4+5]** Des dégradés aussi nuancés ne peuvent s'expliquer que par la torsion d'un unique fil rose avec plusieurs fils de couleur chair. Le contour du visage souligné en brun s'efface du côté d'où vient la lumière. Pour atténuer le contraste entre la pâleur du visage et son contour foncé, celui-ci est doublé d'une ligne claire, exécutée en lin. Un fil écru identique marque les deux sourcils accentués par des points de broderie. A l'exception du rouge des lèvres et du bleu des iris à peine visible sous les paupières bombées, l'ensemble du visage au menton pointu orné de fossettes reste assez peu coloré. Cette pâleur diaphane s'accorde tout à fait au type de roux, qui caractérise les deux anges.

Ces lignes de 1 à 3 mm de largeur et de couleur foncée ou claire ne soulignent pas uniquement le contour des visages mais aussi les ourlets des vêtements, ainsi que les ailes et les plumes. Parfois les contours marron s'élargissent en tâches irrégulières qui marquent les parties ombrées. Dans les tuniques, celles-ci sont indiquées par du bleu ou du brun foncé. Les éléments ombrés ne sont pas sans conséquence sur les motifs clairs des fleurs de lys : pour pouvoir conserver celles-ci en entier sans avoir à les découper elles sont coloriées en ocre ou en rouge saumon dans des endroits correspondant à des plis.

État de conservation et mesures de restauration

Pour une tapisserie de cette époque, son état de conservation se révèle très bon en majeure partie : la plupart des couleurs n'a pas pâli sous l'effet de la lumière et les quatre côtés – bien qu'ayant été rognés – ne paraissent pas avoir souffert de pertes significatives. Au contraire, la composition semble si complète, que le format originel n'a probablement été amputé sur son pourtour que de quelques centimètres. Les mesures de la tapisserie d'environ 3 mètres sur 3 mètres correspondent approximativement à un carré.[7] La couleur pourpre résultant d'une teinture par l'orseille qui est très sensible à l'effet de la lumière, s'est en revanche estompée considérablement, comme le prouvent – en comparaison au revers de la tapisserie – les deux dernières rangées de plumes des ailes.[8] **[6]**

6 Revers de la tapisserie du trône.

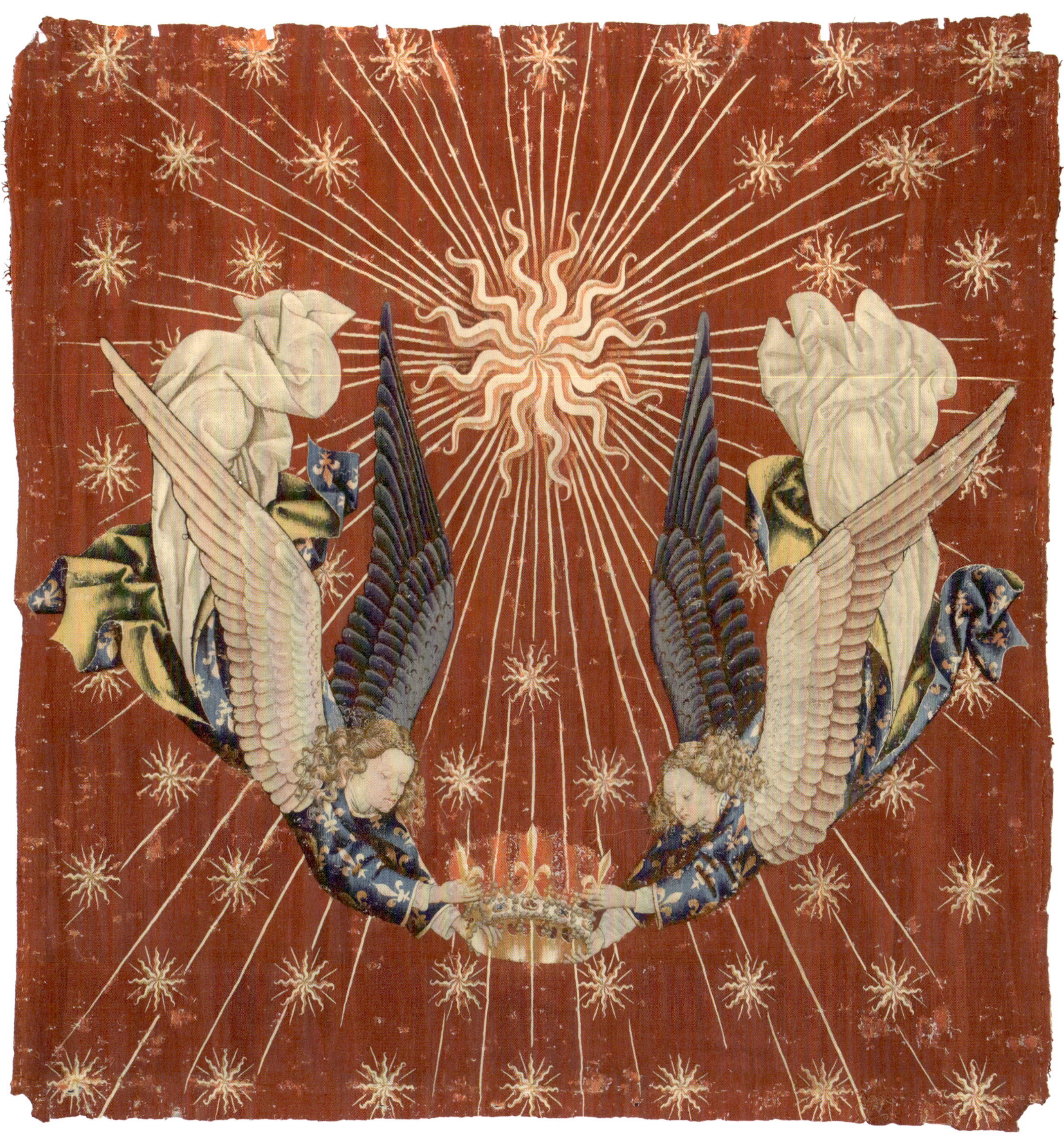

En scrutant l'ensemble de sa surface, on constate, surtout dans le tiers inférieur de la tapisserie, l'existence de réparations plus ou moins importantes effectuées dans le fond uni de couleur rouge. Ces retouches se distinguent par une structure légèrement différente du tissu et l'utilisation d'une laine plus récente qui a pris sous l'effet de la lumière une teinte saumon. La réparation la plus étendue, de forme arrondie, se trouve dans la partie du fond située au-dessus de la couronne et comprend aussi les trois fleurs de lys à l'exception de leurs

7 La couronne, détail fig. 1.

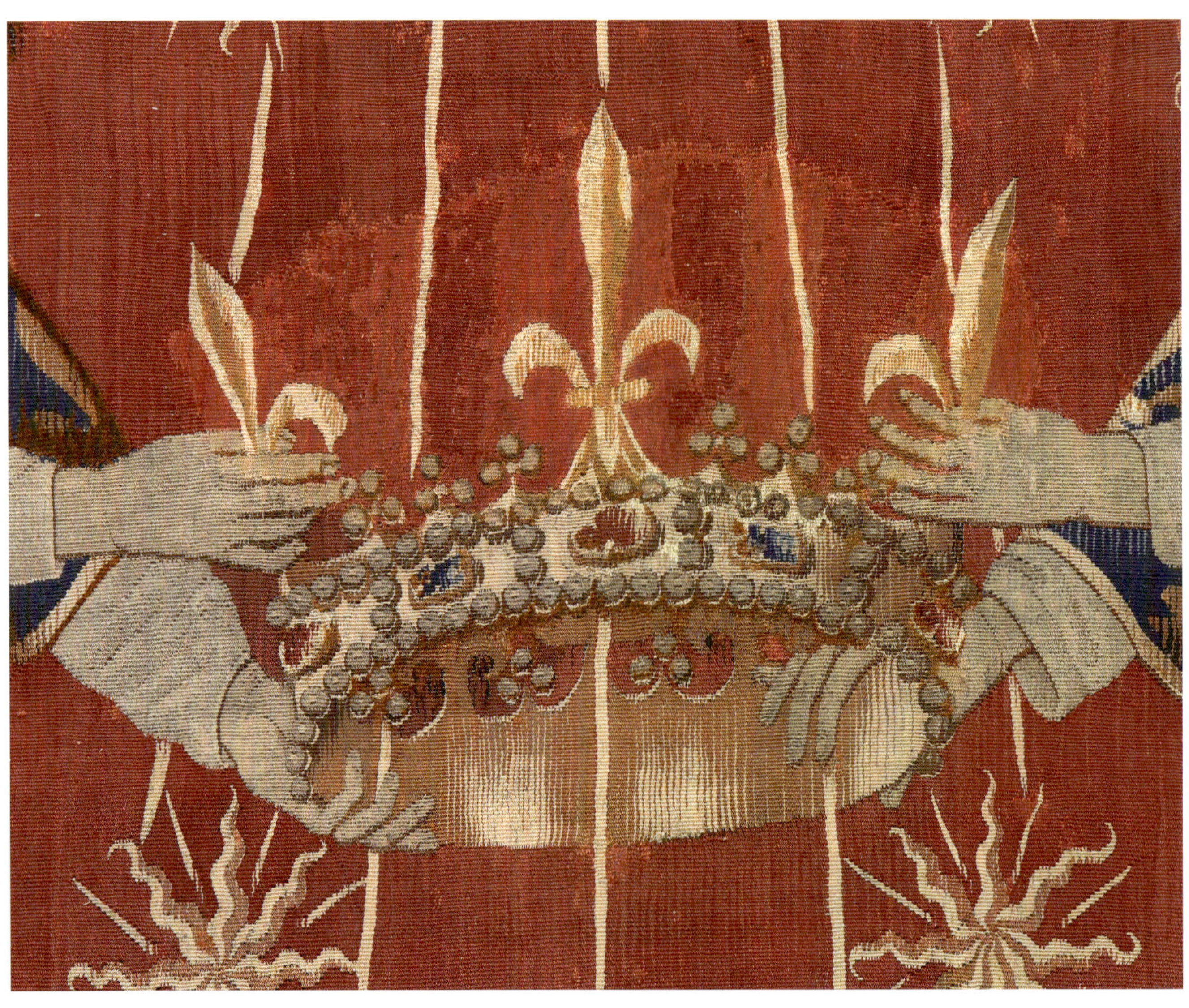

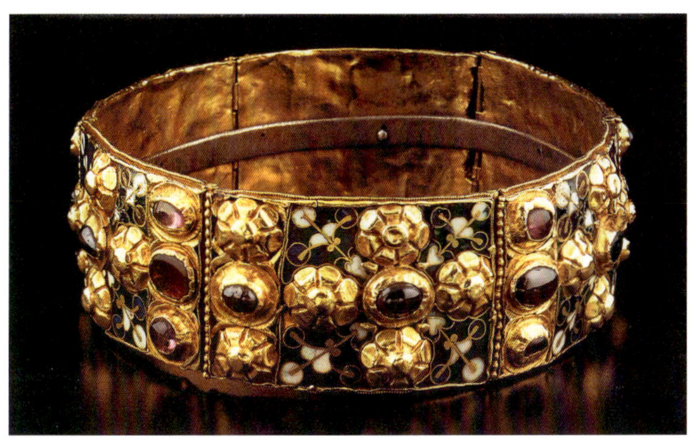

8 « La couronne de fer des Lombards », entre V^e et IXe siècles. Monza, Trésor de la cathédrale.

pointes. Une bande à peu près de la largeur d'une paume de main d'un rouge différent est visible le long des bords supérieur et inférieur. Elle est probablement due à un repli, c'est-à-dire à la nécessité d'adapter la tenture à un usage impliquant un format différent.

Les lignes et tâches brunes – observées et décrites dans les « Caractéristiques matérielles et techniques » – ont été visiblement restaurées surtout entre les bras des anges, le long du contour de leurs corps et entre les rangées de plumes de leurs ailes. Bien que la laine, qui a pris en pâlissant une teinte brun rouille, confirme des interventions ultérieures, il est incontestable que les artistes qui ont produit la tapisserie recouraient déjà à la couleur brun foncé. Celle-ci était faite à base de *sumach,* lequel contenait du fer. Or, au cours des siècles, les éléments métalliques corrodaient ce fil qui, rongé, devait notamment être remplacé pour stabiliser l'état du textile.[9]

Par manque de documents nous ne pouvons plus dater les réparations, dont il se peut que les dernières aient été exécutées vers la fin du 19e siècle.[10]

Après son acquisition par le Louvre en 2010, la tapisserie a été nettoyée et doublée d'un tissu de lin dans les Manufactures de Wit à Malines (Belgique). Ainsi peut-elle dorénavant faire honneur à la salle 6 (Anne de Bretagne) du département des Objets d'art du Moyen-Age du musée du Louvre.

Suppression et restauration de l'insigne royale

La retouche la plus étendue de forme arrondie dont nous avons parlé précédemment correspond à une modification faisant suite à la Révolution française, plus exactement sous le règne de Napoléon Bonaparte. **[7]** L'emblématique royale de la dynastie des Valois devenue obsolète, a ainsi été probablement supprimée en son entier. Après son couronnement en 1804 à Paris en la cathédrale Notre-Dame, Napoléon fut encore couronné roi d'Italie un an plus tard à Milan. L'évêque lui présenta la couronne, connue sous le nom de « Couronne de fer des Lombards » (datée du Ve au IXe siècles, et conservée aujourd'hui dans le Trésor du Dôme de Monza). Elle doit son nom au fait qu'elle est renforcée à l'intérieur par un cercle de fer, qui, selon la légende, aurait été forgé à partir d'un clou de la croix du Christ. **[8]** Depuis que j'ai comparé la couronne lombarde avec celle de la tapisserie du trône

« amputée » de ses fleurs de lys, j'étais frappée par leur similitude. Se pourrait-il que Napoléon ait adapté cet héritage de la maison royale de France à ses propres ambitions ¿ Je l'ignore, mais cette interprétation est séduisante. La pureté et la simplicité de l'iconographie avaient de quoi plaire à l'empereur et correspondaient au goût classiciste de l'époque Empire.[11]

Il a fallu probablement les nouvelles idées dues au développement de l'historicisme pour éprouver le besoin ultérieur de rendre à l'œuvre son état d'origine. La restauration de cette partie a ainsi été accomplie avec le plus grand soin et beaucoup de savoir-faire : Les trois fleurs de lys (à l'exception de leur pointe) et quelques bouts de doigt des anges tenant la couronne ont été retissés. Notre supposition est qu'on a pris pour modèle des représentations de couronnes figurant sur des monnaies.[12] **[M1]**

Une fois de plus, on déplore qu'aucun document n'ait survécu, qui aurait permis de faire le point sur les différents usages et lieux de conservation de cette œuvre exceptionnelle.

Iconographie et thématique

Le motif du couronnement perpétuel n'est pas connu par ailleurs : on peut donc supposer que la tapisserie du trône de Charles VII est une création unique.

En général deux anges représentés face à face remplissent la fonction de porte-armoiries. Sous le règne de Charles VII, ce schéma est entré dans l'art de la sigillographie et devenu presque obligatoire pour sceller ses documents. Sur une empreinte de 1424 déjà, c'est-à-dire de l'époque où Charles était encore dauphin, des rayons tombent sur un écu écartelé (aux 1 et 4 trois fleurs de lys ; aux 2 et 3 au dauphin) tenu par des anges agenouillés.[13] **[9]** Les rayons de lumières de ce sceau delphinal, rappelant fortement ceux de la tapisserie du trône, prouve que le dauphin se considère élu par la volonté de Dieu. Le sceau pour le parlement de Paris de 1452 montre le même couple angélique, mais la pointe de l'écu repose sur un parterre fleuri, dont le milieu est occupé par une plante de lis.[14] **[10]** Un seul ange se tenant debout décorait le sceau du Parlement du Languedoc depuis 1443/1444.[15] **[11]** Le dit sceau de majesté légalisait les actes royaux entre 1444/1445 et 1461, l'année de la mort de Charles VII. Le sceau principal montre le roi surmonté d'un baldaquin devant une riche draperie à fleurs de lys sur son trône de lions; le contre-sceau à taille réduite répète pourtant le schéma des deux anges tenant l'écu couronné à Trois fleurs de lys.[16] **[12 + M 2]**

M1 Ecu d'or de la ville de Toulouse.

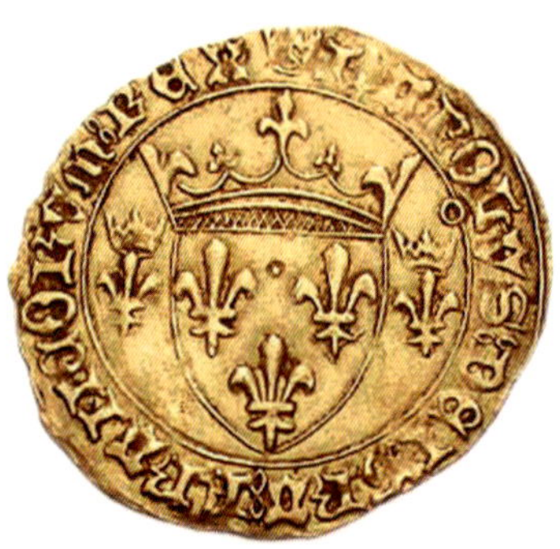

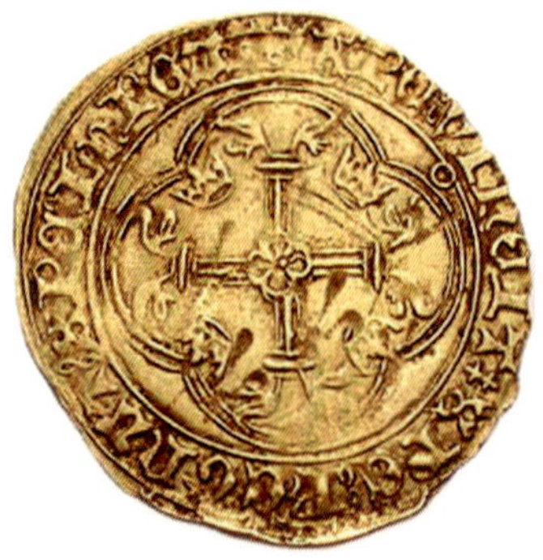

Les anges de la tapisserie du trône portent un sous-vêtement blanc à manches longues et rappellent ainsi l'aube portée par les diacres sous leurs chasubles. Les tuniques bleues parsemées de fleurs de lys en revanche ne correspondent plus du tout à l'habit liturgique, mais évoque le manteau d'apparat des rois de France lors de cérémonies importantes, telles que le sacre, les audiences ou les funérailles.[17] **[14, p. 26; 16, p. 32 +19, p. 41]**

Par analogie avec la Crucifixion, où des anges portent les instruments de la Passion, un ou plusieurs anges peuvent apporter des cieux des objets sacrés, comme la Sainte Ampoule ou la bannière aux Trois fleurs de lys de la légende de Clovis. Lorsque deux anges en vol tiennent une couronne, on pense en premier lieu au couronnement de la Vierge. Sur la tapisserie du trône, ce motif iconographique d'origine religieuse prend une coloration séculière. Le roi, destinataire de la couronne, n'est pas représenté dans la tapisserie. S'il n'est qu'évoqué par l'artiste, c'est qu'il était assis en personne sous la tenture.

Un dessin à la plume attribué à Vranck van der Stockt (ou à l'atelier de Rogier van der Weyden), qui est daté dans les années 1440 et conservé au Louvre, présente avec la tapisserie du trône une similitude iconographique frappante.[18] **[13]** D'après le style du dessin, rapidement mais magistralement tracé, il s'agit d'un premier croquis plutôt que d'un modèle concret pour une œuvre à exécuter en peinture ou en sculpture. Contrairement à la tapisserie, les anges ne sont pas représentés en vol la tête en bas, mais en position verticale, de part et d'autre de la tête à peine esquissée d'un personnage sur laquelle ils s'apprêtent à poser la couronne. Les vêtements gonflés qui flottent autour d'eux et d'où émerge à peine la pointe d'un pied discret indiquent qu'ils sont suspendus en apesanteur dans l'air.

9 Sceau delphinal royal du future Charles VII, empreinte. Paris, Archives nationales, St 7722.

10 Sceau du parlement de Paris, empreinte. Paris, Archives nationales, St 8046.

11 Sceau du parlement du Languedoc, 1449, empreinte. Paris, Archives nationales, St 7800.

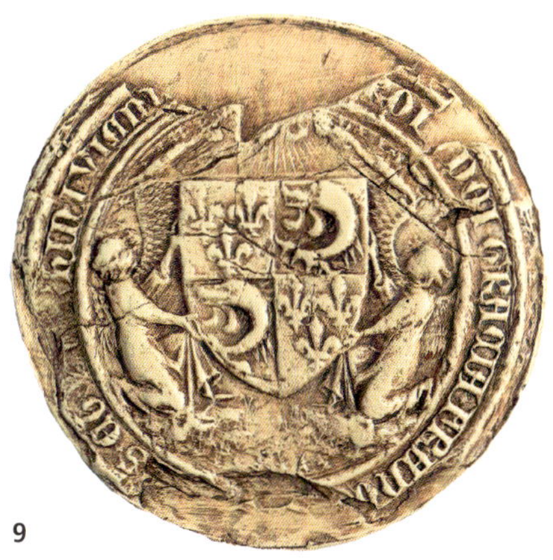

9

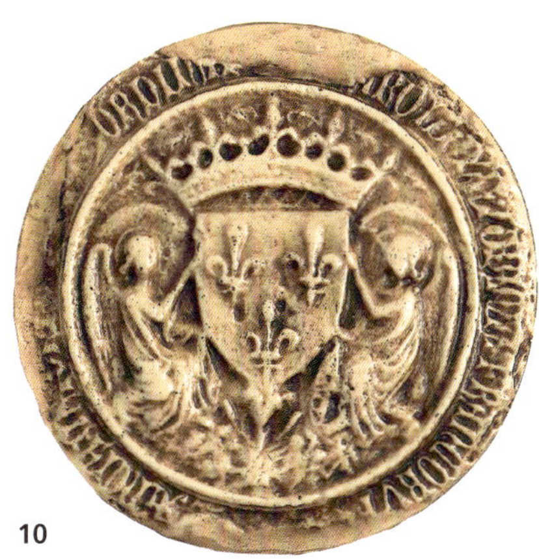

10

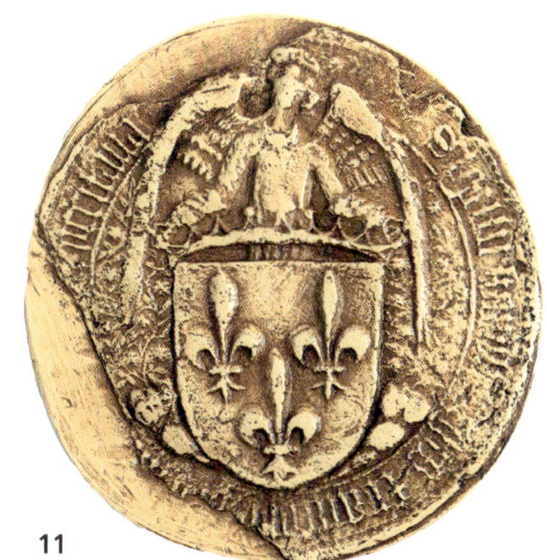

11

Fonction et organisation des éléments du décor

Lors qu'on affirme que la tapisserie du « Couronnement perpétuel » avec ses deux anges figurés à peu près grandeur nature est unique, il faut garder en mémoire le fait qu'un nombre restreint de séries à plusieurs tentures datant du XVe siècle nous sont parvenues. En revanche, maints documents historiques, des quittances comptables ou bulletins de livraison, prouvent l'existence courante de ces « chambres de tapisseries », comme on les appelait. Une chambre désignait au XVe siècle un ensemble assorti de plusieurs éléments décoratifs : tentures murales, couvre-lits, baldaquin (avec ciel, lambrequin et rideaux), dossiers, banquiers ou coussins. Leurs formats pouvaient varier, sans pour autant compromettre l'unité de la décoration conçue pour une seule et même salle. Les séries à plusieurs tentures étaient centrées sur le

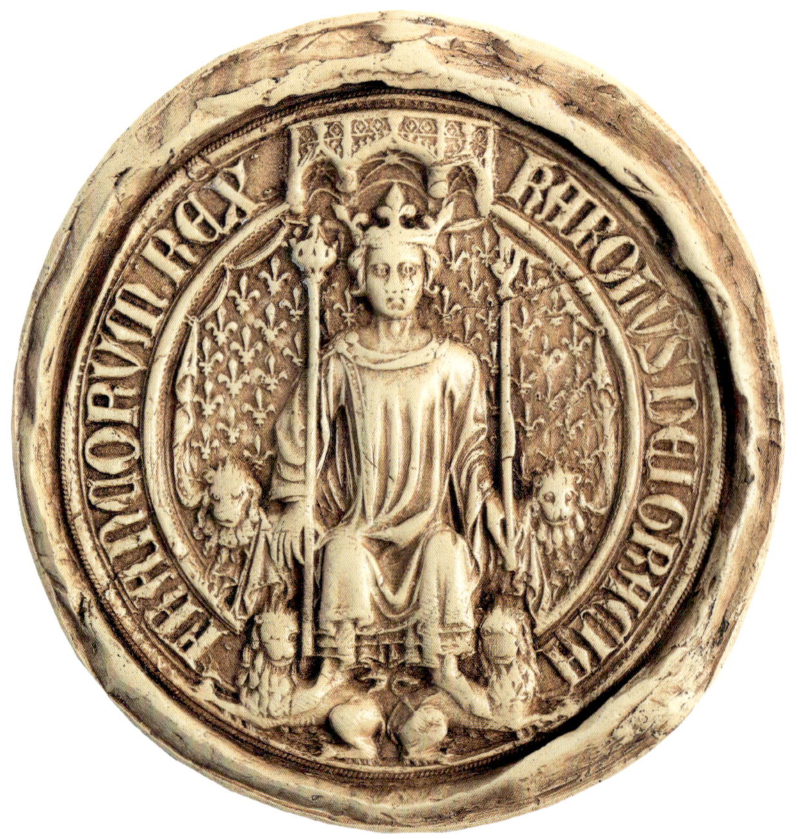

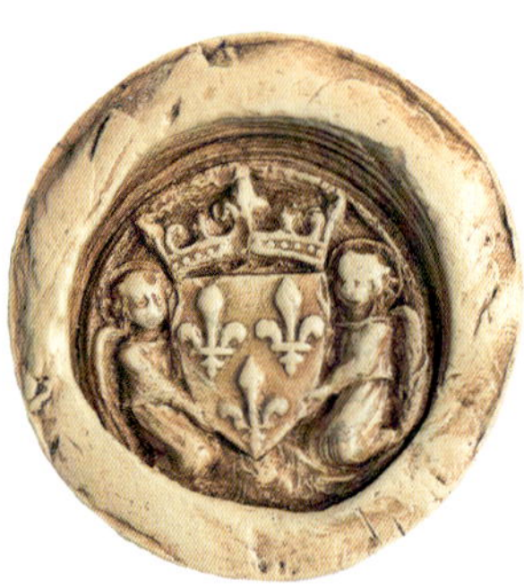

12 + M 2 Deuxième sceau de majesté et contre-sceau, 1445, empreinte. Paris, Archives nationales, St 7955 et St 7955bis.

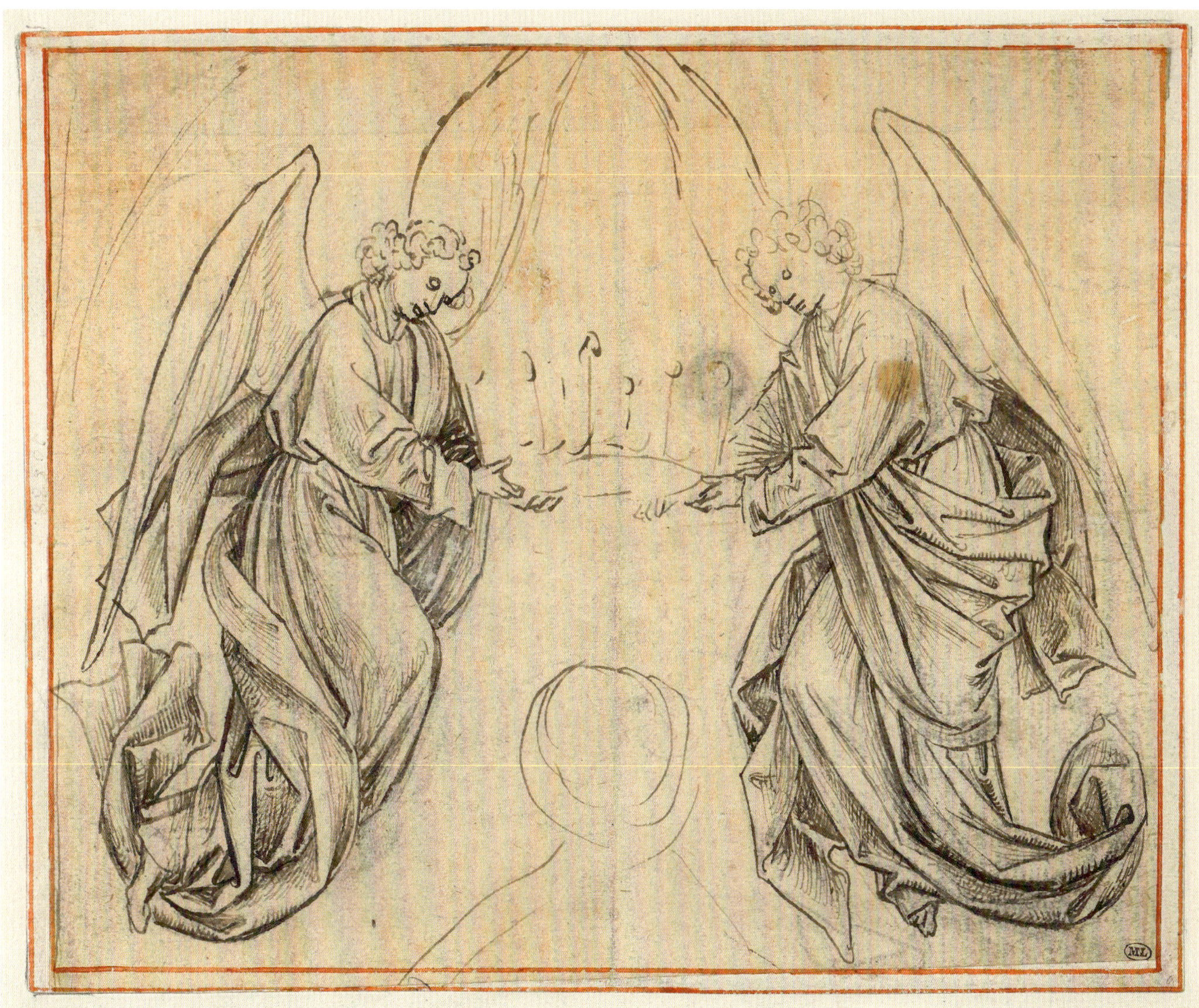

13 Vranck van der Stockt (?) (avant 1424–1495), Deux anges, dessin à l'encre. Paris, Musée du Louvre.

même sujet. Quand il s'agissait de *tapis historiés*, c'est-à-dire illustrant une histoire, chaque tapisserie de la série était dédiée à une ou plusieurs scènes du récit.

Sans disposer de preuve déterminante, nous suggérons néanmoins que le « Couronnement perpétuel » ne faisait pas partie d'une série. Le geste du couronnement qui y est représenté n'appelle aucune suite, pas plus qu'elle ne suggère la nécessité d'illustrer le thème par des variations. Il se peut cependant que cette tenture isolée ait été complétée par des pendants ornés de *soleils d'or raiants sur fond de gueules* (rouge)

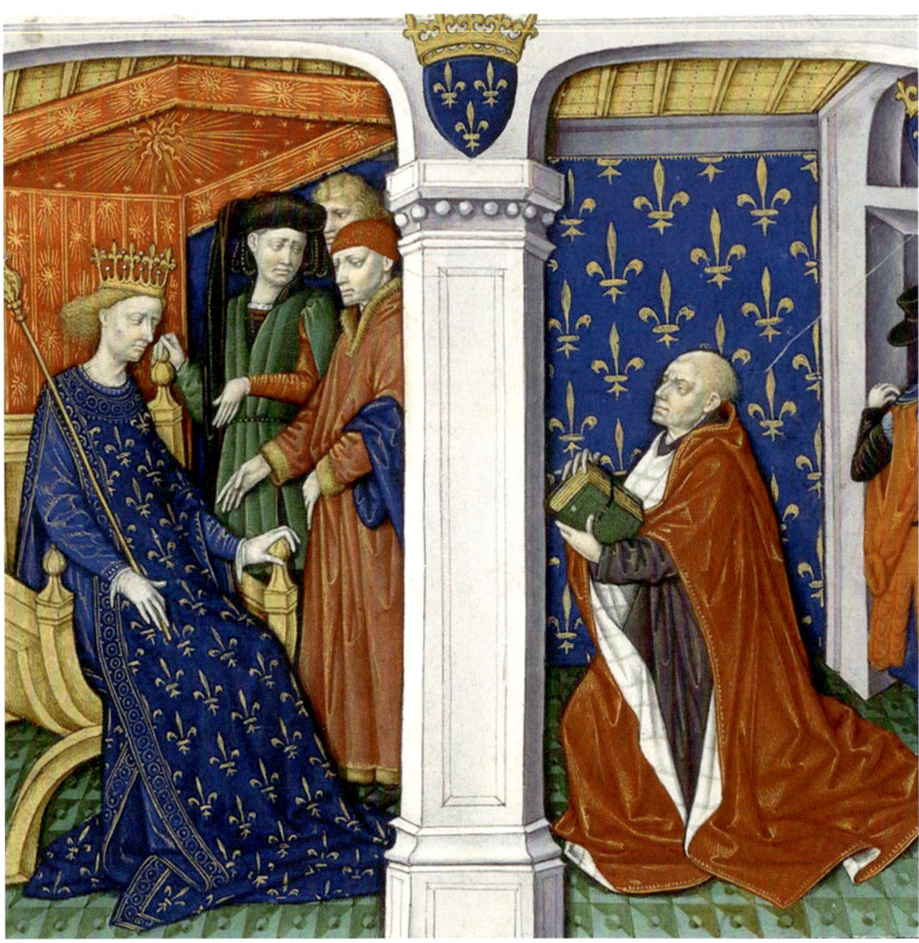

14 + M 3 Barthélémy l'Anglais, *Livre de propriété des choses*. Paris, Bibliothèque nationale de France, ms.fr.135, fol.26.

selon les termes du chroniqueur Jean Froissart.[19] Une enluminure du *Livre de propriété des choses* de Barthélémy l'Anglais, des années 1445 à 1450 montre Charles VII dans sa salle d'audience.[20] **[14 + M 3]** Le trône est surmonté d'un dais orné de symboles solaires sur fond rouge. À proximité se trouve une tenture murale bleue fleurdelisée, rappel de la tunique royale.

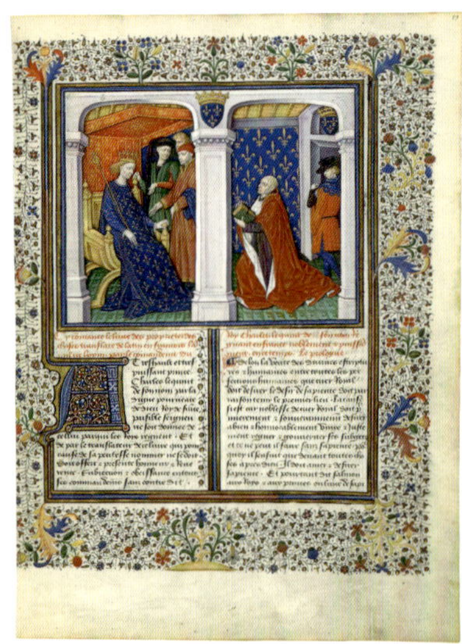

Sur une autre miniature montrant Philippe de Mézières remettant son œuvre au roi anglais Richard II, on remarque que la tapisserie recouvrant le dossier du trône présente simultanément les fleurs de lys emblématiques des Valois et les lions de la maison de York/Plantagenet.[21] **[15 + M 4]** On serait tenté de penser que dans le premier exemple l'emblème du soleil sur fond rouge a supplanté celui des lions d'or symbole du pouvoir anglais. Les prétentions au trône de France d'Edward III ont suscité l'apparition d'un blason écartelé combinant les emblèmes des deux royaumes.[22]

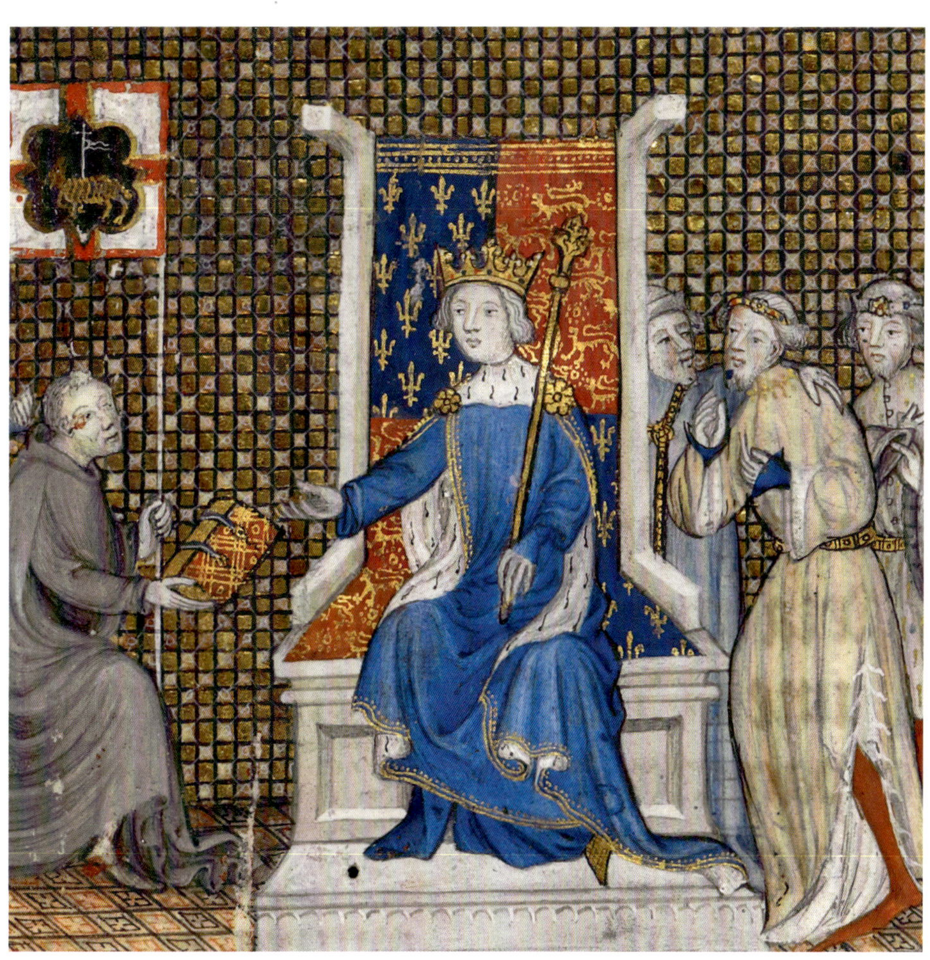

15 + M 4 Philippe de Mézières, *Epistre au roi Richart*, 1395. London, British Library, Ms.Royal 20 B VI, fol.2.

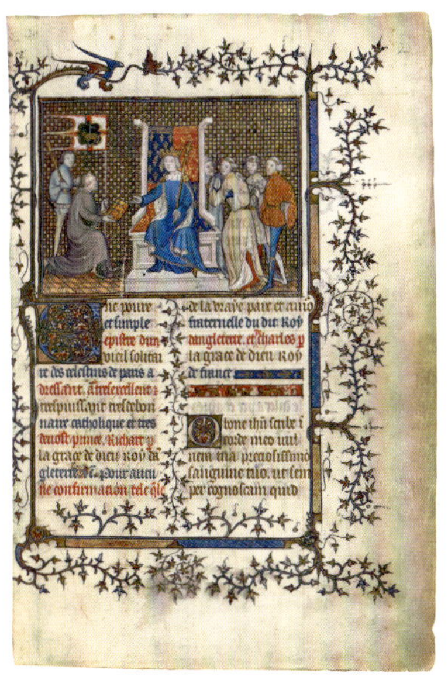

Le format carré de notre tapisserie pourrait indiquer qu'elle servait de ciel dans le dais qui surmontait le trône. Des baldaquins ont régulièrement figuré dans l'édification éphémère des *lits de justice*. Lors des *joyeuses entrées,* un baldaquin portable était dressé à l'aide de lances ou de perches tenues par quatre à huit échevins au-dessus du roi lorsqu'il franchissait à pied ou à cheval les portes de la ville. **[31, p. 62]** Pourtant l'image des anges présentant la couronne ne prêche pas en faveur d'un emplacement horizontal. Dans ce cas, le roi seul aurait pu profiter de la situation et – en levant les yeux – voir son couronnement. Or les emblèmes de légitimité étant avant tout destinés aux yeux du peuple, la tenture devait plus vraisemblablement être suspendue à la verticale derrière le monarque au-dessus de sa tête. Pour éviter un malentendu et une confusion avec le baldaquin ou le ciel du trône, nous tenons à remplacer le terme de « dais », introduit récemment pour la tenture au

Louvre, par « tapisserie du trône ». Nous avons tenté avec un dessin correspondant aux proportions de reconstruire la situation.[23] **[M 5]**

Les sujets qui s'approchaient du trône pendant les heures d'audience voyaient ainsi de loin les deux anges couronner, dans un acte éternellement répété, le *tresvictorieux* et *treschretien* Charles VII, alors que les trois rayons traversant la couronne en direction de sa tête rappelaient l'essence divine de la fonction royale. Des rayons venant du ciel figuraient déjà en 1424 au-dessus de l'écu aux dauphins sur le *sceau delphinal royal.* **[9, p. 23]**

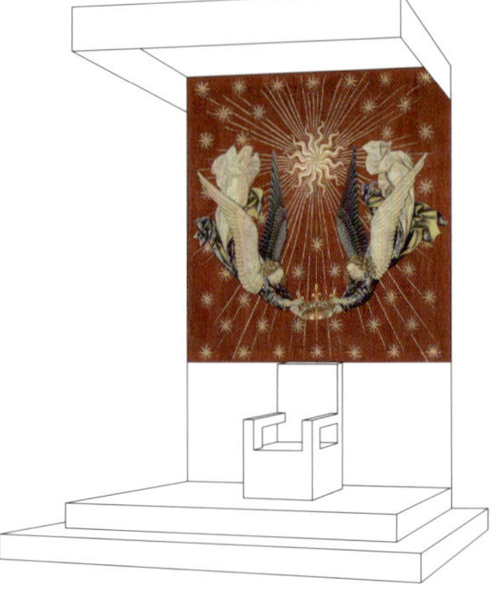

M 5 Dessin de reconstitution du trône.

Projet de tapisserie et patrons

Les circonstances de la commande de notre tapisserie par Charles VII étant inconnues, toute réflexion sur le sujet paraît à première vue inutile. Au XVe siècle la marche à suivre qui mène de la première idée jusqu'à l'exécution de la tapisserie se déroule pour chaque projet de manière si analogue, qu'il nous semble néanmoins nécessaire de se pencher sur le sujet.[24]

Dans un premier temps, le commanditaire choisissait le marchand de tapisserie. Ensemble ou séparément, ces derniers partaient ensuite à la recherche d'un artiste, qui était chargé de dessiner ce qu'on appelait le « petit patron », lequel était tracé avec une précision suffisante pour que la composition, le style et les indications de coloris y soient clairement indiqués. Le modèle était alors présenté au commanditaire qui pouvait proposer des changements allant de légères retouches jusqu'à des remaniements d'une certaine importance avant d'approuver l'exécution. Le petit patron pouvait aussi carrément être refusé comme le montre le cas extrême d'une commande faite par Isabeau de Bavière. Après l'approbation définitive, le modèle était agrandi au format de la tapisserie future, mais reproduit à l'envers, vu l'inversion du tissage en basse lisse. Au XVe siècle, on se servait de lin comme support du grand patron, car le carton – qui fit plus tard son entrée dans l'histoire textile et devint même un terme technique – était un matériau encore inconnu. Ce modèle sur toile, que le tapissier installait sous la chaîne fixée sur le métier, représentait pour lui un instrument de travail essentiel. Selon les stipulations du contrat passé entre le marchand de tapisserie et le commanditaire, ce dernier payait parfois une somme supplémentaire pour avoir un droit exclusif sur le patron de sa tapisserie, interdisant ainsi au marchand d'en faire d'autres exemplaires. Pour transposer l'image du petit patron, dessinée ou peinte, en un ouvrage de tapisserie, le tapissier n'avait à sa disposition que les moyens techniques propres à son métier. Malgré cette limitation, on aurait tort de sous-estimer la contribution artistique et les capacités de l'exécutant. Dans notre cas précis les moyens d'expression textiles sont maniés avec une telle souveraineté, qu'on peut en déduire sans risque de se tromper que non seulement l'auteur du modèle était un artiste de premier plan, mais que le tapissier lui aussi avait un talent hors du commun.

Réflexions sur l'attribution à Jacob de Littemont

Déterminer *a posteriori* qui est l'artiste du petit patron, est toujours problématique, surtout quand on ne dispose d'aucun document écrit, ce qui, dans l'art de la tapisserie du XVe siècle, est pratiquement la règle. Si dans l'art de l'enluminure ou de la peinture, un œil averti arrive à reconnaître « l'écriture » ou « le geste » d'un artiste, dans l'art de la tapisserie il faut plutôt s'efforcer de distinguer la part de l'artiste créateur de celle qui revient à l'artisan chargé d'exécuter l'œuvre.

Lorsque le Louvre a acquis la tapisserie du trône, Elisabeth Antoine, Conservatrice en chef du patrimoine au département des Objets d'art, a fait la remarque que son style lui rappelait beaucoup celui de deux œuvres se trouvant à Bourges, d'une part un vitrail de la chapelle Jacques Cœur dans la cathédrale, d'autre part des peintures ornant les voûtes situés dans le palais Jacques Cœur.[25]

Depuis la proposition pourtant prudente de l'éminent historien d'art Louis Grodecki, d'attribuer au peintre Jacob de Littemont aussi bien le vitrail de « l'Annonciation » de la cathédrale que les peintures décorant les voûtes de la chapelle de l'hôtel Jacques Cœur, le nom de cet artiste aux racines néerlandaises revient régulièrement dans le discours scientifique. Il faut cependant relever que l'œuvre présumé de Littemont repose uniquement sur des attributions de nature assez hétérogène.[26]

Les anges musiciens et porteurs de blasons, qui sont représentés de manière fragmentaire dans les cœurs et ajours du remplage supérieur du vitrail de l'Annonciation, ont des dimensions trop réduites pour permettre une comparaison valable avec les anges presque à taille humaine de la tapisserie du trône. Bien d'avantage encore, la comparaison avec le deuxième exemple berruyer, c'est-à-dire avec les peintures des voûtes de la chapelle de l'hôtel Jacques Cœur, perd-elle toute pertinence lorsqu'on rapproche avec le vol dynamique des anges de la tapisserie, des anges en position verticale engoncés dans les plis rigides de leurs vêtements, fortement repeints au XIXe siècle.[27]

Sans prendre position pour ou contre une identification du « Maître de Jacques Cœur » avec Jacob de Littemont, il faut se rendre à l'évidence que les arguments en faveur d'une éventuelle relation entre de Littemont et Charles VII ne sont pas très forts. Après la mort de Charles VII en 1461, Colin d'Amiens et Jacob de Littemont ont pris deux empreintes de son visage.[28] Un certain Pierre Hennes les a ensuite apportées à Paris pour les faire peindre par Jean Fouquet. Une autre trace nous entraîne dix ans plus tôt à Bourges chez Jacques Cœur ; lequel avait chargé Jacob de Littemont de présenter en son nom, au roi, *une belle targe,* en guise d'étrennes.[29] En s'appuyant sur ces seules deux mentions, il me paraît problématique d'octroyer à Jacob de Littemont la paternité de la tapisserie du trône.

Il nous semble même que, dans ce contexte, l'attribution du titre de *peintre du roi* ne joue pas un rôle déterminant,[30] car bien que, d'après les sources Jacob de Littemont l'ait obtenu alors que Jean Fouquet n'en a été gratifié que sous Louis XI (en 1475), ce dernier effectua plusieurs portraits de Charles VII, preuve de l'importance qu'il revêtait pour ce souverain.

Considérations à propos de Jean Fouquet

Le « Couronnement perpétuel » frappe dès l'abord par la réduction au minimum des personnages et motifs ainsi que par la clarté et le raffinement de sa composition en forme de parabole.

Si la tapisserie a servi de tenture du trône, elle devait probablement être suspendue en hauteur, à la verticale, au-dessus de la tête du monarque. L'artiste conscient de cette circonstance a raccourci vers le haut et allongé vers le bas les rayons lumineux, afin de donner de la profondeur à l'espace figuré. A l'arrière-plan brille l'astre solaire, au second plan se trouvent les anges vus de trois-quarts, qui présentent devant eux la couronne légèrement inclinée vers l'arrière. Cette mise en scène met en relief le point central, à savoir que les anges descendent des sphères célestes pour consacrer le roi et le transporter de ce fait en « un autre état » : *l'estat de la religion,* ce qui l'autorise dès lors à porter le titre de *roi très chrétien.*

La virtuosité du style qui caractérise le rendu des visages et des corps ainsi que le drapé flottant des vêtements évoque la manière de Fouquet.[31] En outre l'inventivité manifestée dans la composition du « Couronnement perpétuel » et surtout la façon dont les deux motifs principaux, le soleil et la couronne fleurdelisée, ont été mis en évidence, renforcent cette hypothèse. C'est d'ailleurs à ce même artiste que l'on doit l'illustration la plus géniale des nouvelles lois de la perspective à deux points de fuite (*perspectiva cornuta*), liée à la fameuse règle du nombre d'or, mise magistralement en œuvre dans le lit de justice du procès de Vendôme. **[33 + M 10, p. 67]** Ces constatations nous incitent à proposer l'attribution de notre tapisserie, sinon à Jean Fouquet lui-même, du moins à son atelier ou à son entourage immédiat. D'après les nombreuses activités, auxquelles participaient également Louis et François, les deux fils de Jean Fouquet, cet atelier a du être vraiment important.[32]

La biographie et le règne de Charles VII

Les sources historiques

Le roi Charles VII occupe un rang éminent dans l'historiographie française. Bien qu'ayant débuté sous des auspices défavorables, son règne connut une meilleure fortune vers le milieu de sa vie. Cela lui permit de réaliser toutes ses ambitions et de léguer en 1461 à son fils Louis XI, un pays fort différent de celui qu'il avait trouvé lors de son accession au trône. Sa renommée lui valut d'être mis, dans les chroniques, sur un pied d'égalité avec le roi Clovis, le premier monarque chrétien de France.[33]

Il est rare de posséder une tradition aussi riche en sources que celle qui concerne le règne de Charles VII. Gaston-Louis-Emmanuel du Fresne, Marquis de Beaucourt, y a largement puisé pour éditer à la fin du XIXe siècle son « Histoire de Charles VII » en six volumes.[34] Nous avons préféré nous reporter aux sources originales chaque fois que c'était possible, car à toute nouvelle consultation, un texte historique peut donner lieu à une interprétation renouvelée. Cependant, étant donné l'ampleur de la documentation, une limitation s'imposait et il était inévitable d'opérer des choix selon des critères subjectifs. Dans quelques cas, nous ferons parler plusieurs sources à propos du même évènement, car la comparaison permet souvent de mieux évaluer la pertinence de chacune. Nous accepterons également certaines variantes sachant qu'une part de subjectivité du rapporteur de l'évènement est inévitable.

L'idée de rédiger une historiographie officielle en français prit naissance en 1250 lorsque l'abbé Mathieu de Vendôme confia, sur l'ordre du roi Saint Louis la traduction des « Grandes Chroniques de France » rédigées en latin au moine Primat de l'abbaye de Saint-Denis, où reposaient depuis des siècles les documents, annales, sources et chroniques royaux. Dans le but de renforcer le caractère politique de cette historiographie, Charles V (1338–1380) rompit temporairement avec la tradition d'une rédaction mo-

16 Jean Fouquet, *Grandes Chroniques de France*. Paris, Bibliothèque nationale de France, ms.fr.6465, fol.434^{v}.

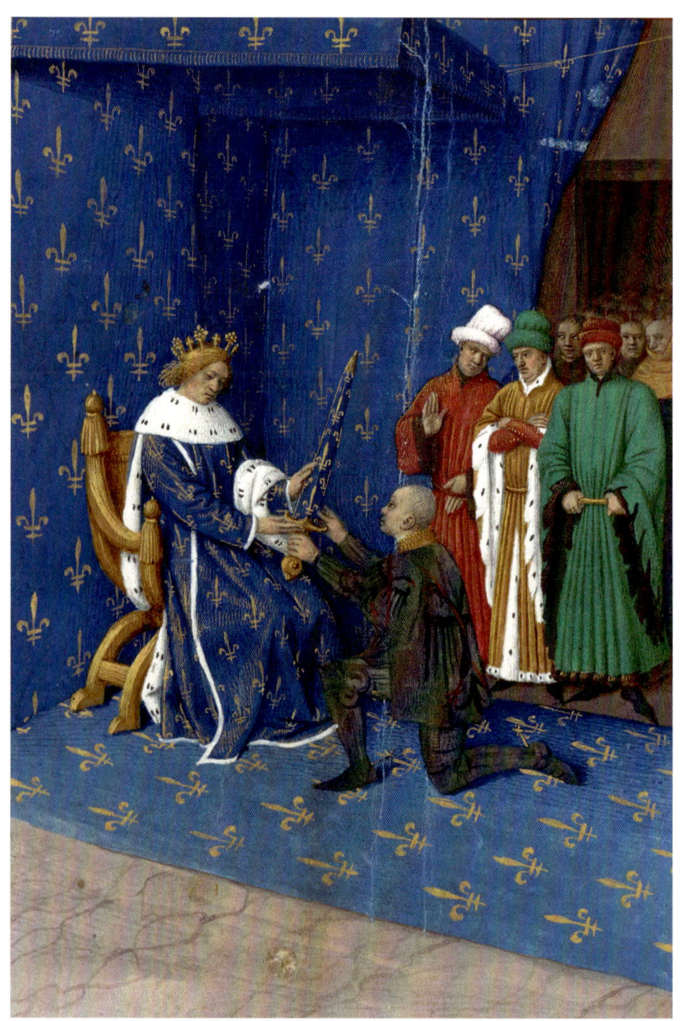

nastique. L'historien Jean Jouvenel des Ursins (env. 1388–1473) fut chargé des chroniques de Charles VI jusqu'en 1402. Gilles le Bouvier, dit Héraut Berry, lui succéda pour les années 1403–1422. En tant que *roi d'armes*, officier du rang le plus élevé de Charles VII, il rapporta des évènements mémorables qui jalonnèrent la vie de son roi jusqu'en 1455. Dès lors l'historiographie officielle retomba entre les mains des moines de Saint-Denis. L'un d'entre eux, Jean Chartier (env. 1390–1464), consigna en trois volumes une « Histoire de Charles VII », qui prit la suite des « Grandes Chroniques de France ».[35] **[16]**

De nombreux chroniqueurs apportèrent leur contribution à l'historiographie officielle, tel Guillaume de Gruel, biographe d'Arthur de Richemont, connétable de Charles VII. D'autres se firent les porte-paroles du parti bourguignon: Enguerrand de Monstrelet (env. 1390–1453), Mathieu d'Escouchy (1420–1485), Jacques du Clercq (1420–1501) et Georges Chastellain (1405 ou 1415–1475). Ce dernier descendant du poète flamand du même nom, s'efforça tout spécialement d'améliorer les relations entre Philippe le Bon et Charles VII. Par ailleurs « Le journal du procureur Jean Dauvet » ne représente pas seulement une source précieuse pour le destin mouvementé du commerçant et argentier Jacques Cœur, mais aussi pour la vie de la cour de Charles VII en général.[36] Tous les détails du procès d'inquisition de Jeanne d'Arc sont aussi connus grâce aux actes et protocoles qui nous sont parvenus.[37] Jean Froissart (env. 1337-env. 1405) a, de son côté, relaté les évènements complexes de la guerre de Cent Ans. L'Angleterre et la France, en se disputant le pouvoir, ont causé des troubles entre Armagnacs et Bourguignons comparables à ceux d'une guerre civile. Enfin, Christine de Pisan (1365-après 1430), la fameuse poétesse de l'époque contribua par ses œuvres à une meilleure perception de cette période.

Le roi de Bourges

Au moment de la naissance du dernier fils de Charles VI et d'Isabeau de Bavière, le 22 février 1403 à l'hôtel Saint-Pol, leur résidence parisienne, le pouvoir royal ne faisait pas partie des cadeaux que le futur Charles VII trouva dans son berceau. La fratrie en effet comprenait deux frères décédés très jeunes, qui avaient porté avant lui le prénom de Charles et deux autres frères Louis et Jean, qui le précédaient dans l'ordre de succession. Il fallut la mort précoce de ces derniers en 1415 et 1417 pour lui frayer un chemin jusqu'au trône. Ce chemin cependant s'avéra long et épineux. Depuis 1392, son père souffrait d'aliénation mentale (démence ou schizophrénie), et la régence subit maints aléas, régence exercée successivement par Louis Ier d'Orléans, Jean, duc de Berry ainsi que par les deux ducs de Bourgogne, Philippe le Hardi et Jean sans Peur.

En plus les liaisons amoureuses de la reine Isabeau ne passaient pas inaperçues à la cour de sorte que le petit Charles découvrit très tôt par les rumeurs du palais, qu'il pouvait bien être le fruit d'une liaison de sa mère avec son oncle Louis Ier d'Orléans. Durant la guerre de Cent Ans, le parti des Armagnacs dont faisait partie la maison d'Orléans se tint fidèlement aux côtés du roi face aux ducs de Bourgogne. Les deux partis s'adonnaient en effet à une lutte sans merci pour gagner la suprématie sur Paris. En 1407 Louis Ier duc d'Orléans tomba en pleine rue, victime d'un meurtre ordonné par Jean sans Peur. Ce crime fut vengé en 1419, suite à un complot astucieusement préparé et le duc de Bourgogne succomba à son tour sur le pont de Montereau. Le jeune Charles assista à ces moments dramatiques après avoir lui-même attiré dans le piège – selon certaines versions – le malheureux duc pourtant plein de méfiance.[38] Les sources sont contradictoires, mais d'après certaines d'entre elles le dauphin aurait voulu venger ainsi le meurtre de celui qu'il croyait être son père naturel. Cependant, les vrais motifs ne seront probablement jamais connus. La suite de l'histoire prit une tournure néfaste pour lui, car ses parents lui firent porter le poids du crime et l'exclurent de la succession.[39] Que sa mère ait été jusqu'à qualifier son propre fils de bâtard, comme le prétendent certains auteurs du XIXe siècle, paraît cependant peu probable. Avec le mariage qu'ils conclurent entre leur fille Catherine et le futur roi anglais Henry V, Charles VI et Isabeau firent de ce dernier leur fils tout en répudiant Charles. Le père de la mariée proclama à cette occasion : « La couronne et le royaume de France appartiennent et appartiendront pour toujours à notre fils le roi Henri et ses héritiers ».[40] A la suite de la rencontre du roi d'Angleterre avec le roi de France à l'hôtel Saint-Pol le 23 décembre 1420, le futur Charles VII fut officiellement écarté de la succession et envoyé en exile.[41]

Un bref retour en arrière s'impose. Après les fiançailles précoces qui avaient été arrangées par les deux mères Isabeau de Bavière et Yolande d'Aragon, le couple d'enfants Charles et Marie d'Anjou (1413) vécurent leur adolescence ensemble dans les résidences des ducs d'Anjou, à Angers ou en Provence. C'est là que débuta l'amitié étroite qui lia bientôt Charles avec son beau-frère René d'Anjou (1409–1480), le fameux roi René. Charles, développa aussi une profonde affection pour Yolande d'Aragon, à qui durant toute sa vie, il resta plus attaché qu'à sa propre mère. En témoigne une lettre que Charles adressa aux notables de Lyon en 1418 pour s'excuser du retard, qu'avait pris sa venue dans cette ville et en préciser les raisons : « avant de partir il nous faut encore attendre le conseil de notre belle-mère, la reine de Sicile ».[42] Yolande d'Aragon devait plus tard choisir pour son gendre la plupart de ses futurs conseillers et de ses fidèles serviteurs. Avec beaucoup de talent diplomatique et consciente du rang futur de son gendre elle marchandait entre les différents partis et influençait de nombreuses décisions politiques, le dauphin étant encore inexpérimenté et trop souvent indécis.

Le mariage des fiancés fut célébré en 1422 à Bourges et bien qu'ils aient eu 13 enfants, Charles et Marie au courant de leur vie de couple restèrent éloignés l'un de l'autre. Dans les années quarante, Charles VII s'éprit d'Agnès Sorel, pour laquelle il créa le titre de favorite royale, avant qu'à peine six ans plus tard elle ne meurt.[43]

Ses deux frères étant décédés en 1415 et 1417, l'accès au trône était théoriquement libre pour le jeune Charles lorsque son père mourut à son tour le 21 octobre 1422. Lors des funérailles du roi défunt à Paris, ses adversaires en profitèrent pour faire proclamer comme successeur, le gendre anglais de Charles VI, « Henri par la grâce de Dieu roi de France et d'Angleterre ». Le dauphin écarté répliqua en s'autoproclamant en la cathédrale de Bourges « Charles, par la grâce de Dieu roi de France », ce qui déclencha les acclamations enthousiastes de ses sympathisants: « Vive le roi! ».[44] A partir de ce moment, il cessa d'être l'éternel dauphin, et il exerça en tant que « roi de Bourges » – ainsi raillé par ses adversaires – un contre-pouvoir face à son rivale anglais. Du côté de Charles se trouvait surtout la partie méridionale de la France avec l'Anjou, la Touraine, le Berry, la Marche, le Bourbonnais, l'Auvergne, le Forez et le Languedoc ; tandis que du côté d'Henry V (et Henry VI) s'étaient rangés la Normandie, la Maine, l'Île-de-France, la Champagne et la Brie, Calais et la Guyenne, la Bretagne et la Bourgogne.

Une grande partie des notables Parisiens qui avaient prêté allégeance au duc de Bourgogne durant sa régence, suivirent le dauphin à Bourges. Parmi eux figurait entre autres la famille réputée et influente des Jouvenel des Ursins. Avec son conseil, sa chancellerie et sa chambre des comptes la ville de Bourges possédait presque toutes les prérogatives lui permettant de rivaliser avec la capitale. Cette situation privilégiait la bourgeoisie locale des commerçants, qui disposait de moyens presque illimités et dont Jacques Cœur était l'un des représentants principaux. Charles avait transféré sa résidence de Paris à Bourges en 1418, car Jean de Berry, lui avait légué son duché à sa mort en 1416. Ce changement de situation est trop peu pris en compte, tant par les chroniqueurs de l'époque que par les historiens contemporains, à l'exception de Georges Minois.[45] Le château de Mehun-sur-Yèvre à quelques kilomètres de Bourges et somptueusement réaménagé par son grand-oncle pour 300'000 francs, devint sa demeure préférée, quoique comme tous les princes du temps il changeait souvent de résidences.[46] La preuve de l'importance qu'il attribuait à son héritage transparaît dans le soin avec lequel il accomplit à grand frais le monument funéraire de Jean, duc de Berry dans la Sainte-Chapelle de Bourges. À la fin des travaux, vers 1457, il fit graver sur une plaque de marbre noir une dédicace, qui se termine par ces mots : *[...] et en memoire duquel: Charles VII roi de France, son neveu et héritier, prince très chrétien et très victorieux fist faire ceste sepulture.*[47] De même Charles se soucia de faire achever le précieux manuscrit « Les Très Riches heures du duc de Berry », enluminé par les frères de Limbourg.[48] **[45 + M 16, p. 86]**

Dans les années vingt du XVe siècle, Charles commença à réduire l'emprise de l'occupation étrangère en libérant peu à peu le nord et l'ouest de la France du contrôle anglais. En 1421, Charles renforça sa puissance militaire grâce à l'apport de 5000 mercenaires écossais. Ce recrutement ravivait la Vieille Alliance entre la France et l'Ecosse (*Auld Alliance*) conclue dès le XIIIe siècle. Cependant à la bataille de Verneuil en 1424, la *Compagnie des gendarmes écossais* placée sous le commandement de John Stuart fut presque entièrement décimée malgré le courage incomparable de cette troupe. Impressionné par leur prouesse, Charles VII constitua une année plus tard sa garde de corps permanente de soldats écossais. Un détachement se tenait toujours à proximité immédiate du monarque et avait la responsabilité de garder les clés des appartements royaux pendant la nuit. Méfiant depuis sa tendre jeunesse, Charles craignait continuellement être victime d'un attentat ; aussi non seulement l'armée mais également *la Garde écossaise du roi* furent-elles renforcées en 1445.

L'inscription qui figure sur le cadre de son portrait conservé au Louvre, portrait probablement destiné à l'origine à la Sainte-Chapelle de Bourges, désigne le roi comme: *Le Tresvictorieux Roy de France Charles septiesme de ce nom.* **[17]** Ce titre l'accompagna durant tout son règne. Il ne cessa de lutter pour justifier son droit au trône de France et d'obtenir la légitimité longtemps contestée par ses adversaires. Pour atteindre ce but, il n'aurait pas hésité à recourir à des forces occultes. Sa relation étroite avec l'astrologie lui valait la réputation d'être un monarque superstitieux, si l'on en croit l'avis de Jean Gerson, théologien et mystique de la Sorbonne.[49]

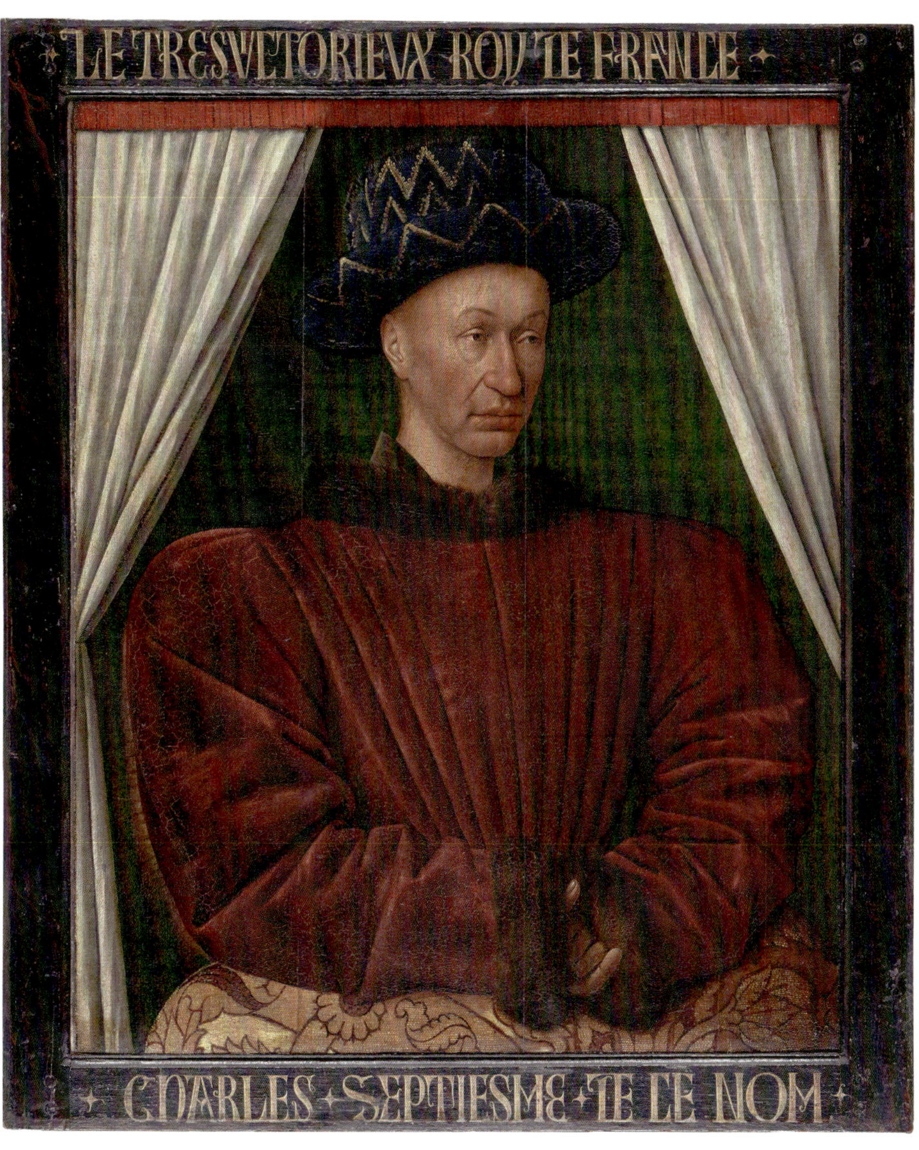

17 Jean Fouquet, Charles VII, entre 1450 et 1455. Paris, Musée du Louvre.

Jeanne d'Arc et la politique ecclésiastique de Charles VII

Un nouveau chapitre de l'histoire s'ouvrit lorsque Jeanne d'Arc, surnommée la Pucelle (1412–1431), fit son entrée dans la vie du dauphin. Après avoir eu à plusieurs reprises la même vision divine, qui lui enjoignait de libérer la France du joug anglais et d'amener le dauphin à sa destination royale, la jeune-fille quitta sa maison paternelle. Accompagnée d'une escorte, elle arriva le 5 mars 1429 au château de Chinon, résidence temporaire de Charles. **[18]** Celui-ci examina la crédibilité de la Pucelle en assistant personnellement à ses visions. À la suite de quoi, elle reçut du conseil de la couronne une armure et surtout le commandement d'une petite unité militaire. Elle eut ainsi les moyens de bannir définitivement l'occupant anglais de la ville d'Orléans et mit tout en œuvre pour conduire Charles à son sacre le 17 juillet de la même année.

Jeanne d'Arc put compter sur le soutien duc de Jean d'Alençon, fidèle compagnon de toutes ses expéditions militaires ; elle n'appelait son lieutenant général, que « mon beau duc ».[50] Ce prince figure à nouveau au procès de trahison de Vendôme. Après la tentative ratée d'avancer sur Paris, Charles VII se détourna de la Pucelle, car il préférait la paix à l'anéantissement définitif de l'ennemi. Ainsi, en 1430, Jeanne d'Arc fut-elle capturée par les Bourguignons à Compiègne. Après ses deux tentatives de fuite le duc de Bourgogne vendit la prisonnière pour 10'000 francs au duc de Bedford, frère cadet de Henry V et régent du royaume de France pendant la minorité de son neveu, Henry VI. Bien qu'ayant abjuré son hérésie par peur de monter sur le

18 « L'arrivée de Jeanne d'Arc au château de Chinon », tapisserie, Bâle environ 1490. Orléans, Musée Historique (Maison Cabu).

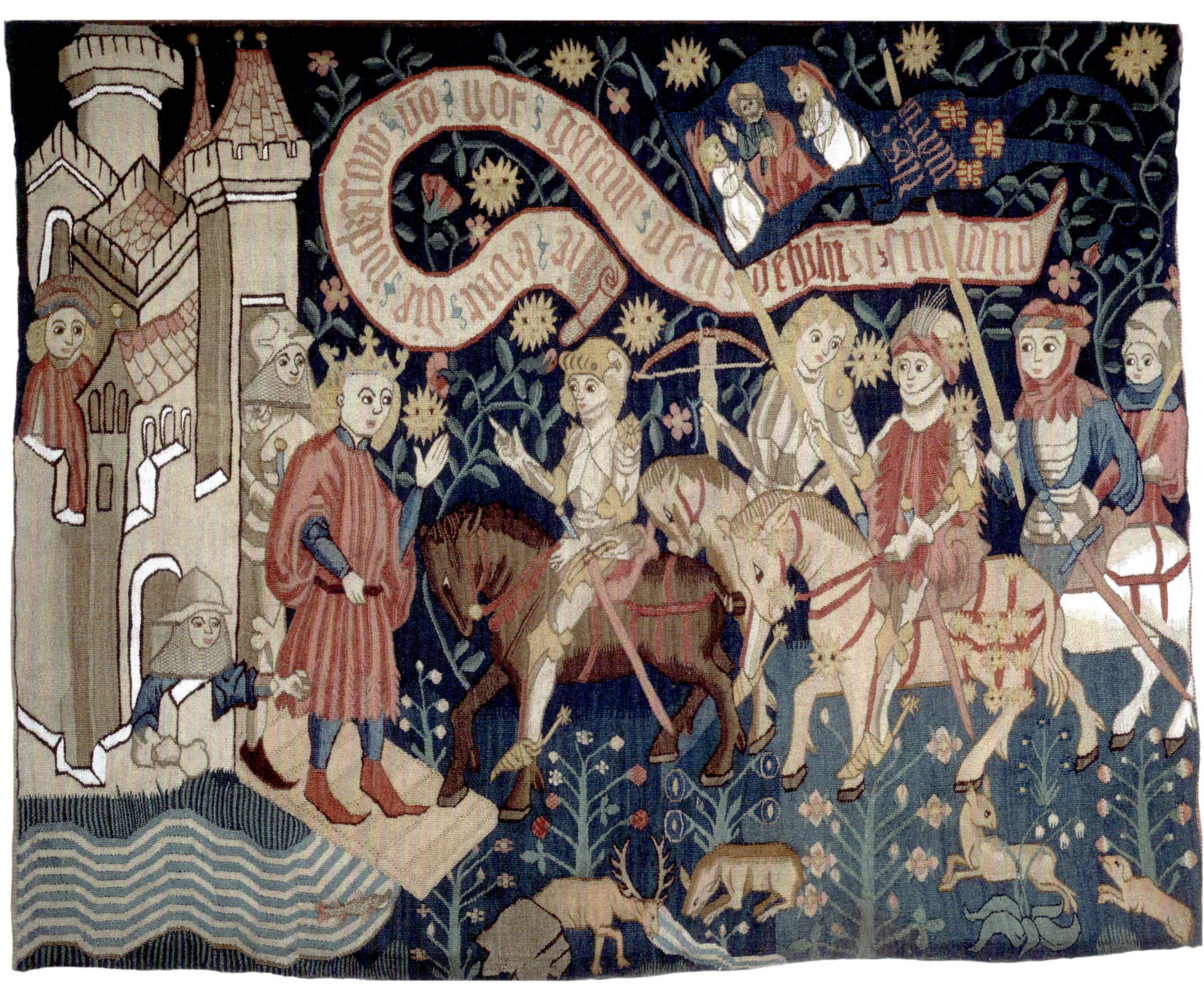

bûcher, la Pucelle fut malgré tout livrée aux flammes le 30 mai 1431 à Rouen en présence de l'évêque de Beauvais, Pierre Cauchon. Charles, qui lui devait sa percée politique, se tut pendant les trois mois que dura son procès. On ne peut pas se débarrasser de l'idée, que le roi ne s'est servi de Jeanne d'Arc que pour atteindre son propre but.

L'implication de Charles VII dans la haute politique de l'Église se mesura surtout à partir du Concile de Bâle (1414–1418).[51] Alors que le pape Eugène IV exigeait comme le voulait la tradition, le pouvoir absolu, les conciliaires se battaient pour obtenir la prééminence du concile sur le pape. Les deux partis en appelèrent au roi de France pour obtenir son soutien. Les envoyés de Charles VII au synode de Bâle apportèrent un message de conciliation, tout en insistant sur le respect dû au pape. Une assemblée du clergé français se réunit le 7 juillet 1438 dans la Sainte-Chapelle de Bourges, au cours de laquelle Charles VII promulgua la *Pragmatique Sanction de Bourges* qui ôtait au pape la collation des bénéfices ecclésiastiques et reconnaissait la suprématie du Concile sur le souverain pontife. Au même moment fut aussi créée l'Eglise nationale gallicane, qui, en se libérant du Saint Siège, soumettait toutes les questions concernant son personnel au contrôle du roi. Après avoir atteint ses buts principaux en politique ecclésiastique, le roi prit ses distances par rapport au Concile en récusant la légitimité du contre-pape Felix V élu en 1439 ; il se garda cependant de toute rupture officielle avec le souverain pontife romain.

Les cinq dernières années de sa vie, Charles VII était gravement diminué par ses maladies. En plus, le roi avait attiré la colère du pape Pie II par son refus véhément, après la conquête de Constantinople, de participer à la croisade contre les Ottomans. Malgré cela Charles réussit à obtenir la réhabilitation de Jeanne d'Arc en 1456, car vers la fin de son règne, il éprouva le besoin pressant de conférer le statut de sainte à celle qui avait été exécutée pour sorcellerie. Pourtant la canonisation de la Pucelle d'Orléans se fera attendre encore pendant quatre siècles.

L'unification du royaume par les réformes de l'armée et de la justice

Abandonnant son tempérament irrésolu, Charles VII prit énergiquement en main la restructuration de son empire dès les années 1440. Le chroniqueur Georges Chastellain décrit l'évolution du caractère de Charles VII en ces mots: « Son intelligence naturelle s'était fortifiée au cours de ses malheurs et des périls de situations diverses. Il avait acquis l'expérience des hommes, en sorte qu'il attira à lui les meilleurs [...] Entre autres qualités, il avait le souci et la sollicitude des affaires ».[52]

Vers la fin de la guerre de Cent Ans, il réforma fondamentalement la structure de l'armée. Après le traité de Tours de 1444, les troupes redoutées des mercenaires, dits les Écorcheurs, furent envoyées en Lorraine et Alsace sous le commandement du dauphin, le futur Louis XI. Ils succombèrent par milliers à la bataille sanglante de Saint-Jacques sur la Birse près de Bâle contre les Lorrains et les Suisses, où ils étaient engagés au côté de René d'Anjou et de l'empereur Frédéric III.

Les escadrons de cavalerie de la Compagnie d'ordonnance et le corps d'infanterie des Francs Archers nouvellement constitués, formaient pour la première fois une armée permanente. Le recrutement se faisait parmi les fils de bourgeois et de paysans, qu'on instruisait dans des casernes édifiées dans différentes villes du pays. Leurs familles obtenaient une réduction de taxes en guise de compensation. Cette réorganisation de l'armée qui renforça sensiblement la puissance militaire du royaume joua un rôle décisif dans l'éviction définitive des Anglais du territoire français.

Après la libération de Paris en 1436, l'entrée du roi Charles se fit encore attendre, mais le souverain réinstalla tout de suite la cour de justice au Parlement. Le sceau du Parlement de Paris avec le couple d'anges et avec l'écu aux Trois fleurs de lys posés sur un parterre d'iris et de roses, évoqué précédemment, n'est pas le seul objet qui témoigne de cet évènement.[53] **[10, p. 23]** Le chancelier du roi commanda en effet à un peintre inconnu, probablement d'origine néerlandaise, aujourd'hui identifié avec le maître de Dreux Budé, la « Crucifixion du Parlement de Paris ». Dans ce tableau, qui ne joua jamais le rôle d'un retable, le Crucifié est entouré à sa droite par Saint Louis (dont les traits sont ceux de Charles VII) et Jean Baptiste, et à sa gauche par saint Denis et Charlemagne.[54]

Obéissant à sa propre devise, qu'aucun royaume ne pouvait subsister longtemps sans que la justice soit règlementée, Charles VII s'attaqua également à la législation de son pays.[55] Ayant rassemblé fin 1453 à Paris tous les clercs et dignitaires les plus hauts placés, il donna l'ordre d'enregistrer systématiquement les *Coutumes et Usages* en vue d'une rédaction future. La « Grande Ordonnance » entra en vigueur le 15 avril 1454 à Montil-lès-Tours. L'édition des « Coutumes » initiée par Charles VII ne parut qu'en 1550 et demeura valable jusqu'à l'introduction du Code civil en 1804.[56] Cette réforme de la justice et du parlement concernait tout le pays et renforçait le pouvoir de la royauté sur le territoire réunifié de la France.

Vieillesse et mort

Ce fut un coup dur pour Charles VII de découvrir la trahison de Jean duc d'Alençon, qui avait été son fidèle compagnon depuis le temps où il était encore roi de Bourges. Soupçonné de conspirer avec les Anglais, le duc d'Alençon fut arrêté et condamné en 1456 à Vendôme. Le roi fut particulièrement secoué lorsqu'il apprit que son ami s'était fait des complices même au cœur de sa troupe d'élite écossaise et que son propre fils, le dauphin, était de connivence avec lui. Il se montra cependant clément en commuant la sentence capitale en un verdict de détention perpétuelle, après avoir confisqué tous les biens de ce traître.

Le portrait de Charles VII conservé au Louvre ne montre certes pas à son avantage le souverain. Il est en effet représenté l'expression boudeuse. **[17, p. 37]** Pourtant ses contemporains font aussi souvent allusion à son caractère mélancolique, un trait qui à l'époque n'avait pas uniquement une connotation négative.[57] Si l'on croit à son amiral Jean de Bueil, la vie de la cour entière était imprégnée de mélancolie (*merencolie*), cette atmosphère désabusée qui présage la fin d'une époque.[58]

19 Jean Chartier, *Chronique de Charles VII.* Paris, Bibliothèque nationale de France, ms.fr.2691, fol.1.

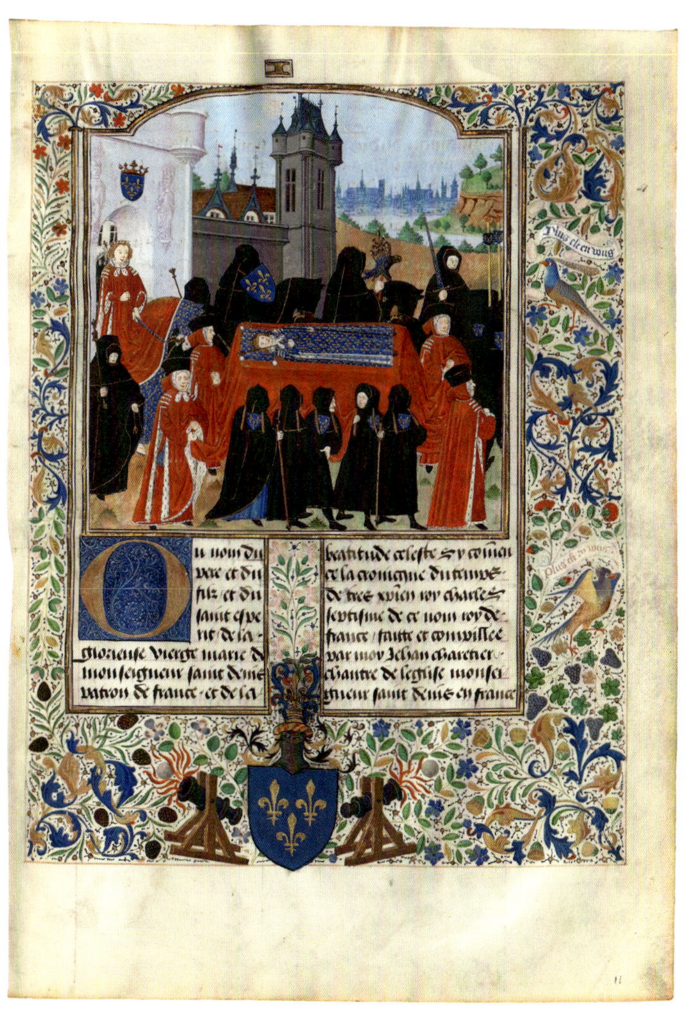

Les chroniqueurs sont unanimes à relever, que les derniers jours de Charles VII ont été marqués par la profonde méfiance que lui causaient ses dissensions avec le dauphin, le futur Louis XI, passé du côté de son ennemi juré, Philippe le Bon, au palais du Coudenberg à Bruxelles.[59] Après la mort du roi survenue le 22 juillet 1461 à Mehun-sur-Yèvre, sa dépouille fut transférée à Paris pour les obsèques qui eurent lieu à la cathédrale Notre-Dame. D'après les documents deux masques mortuaires furent moulés par Jacob de Littemont et Colin d'Amiens et transportés chez Jean Fouquet convoyé par un certain Pierre Hennes en un voyage de trois jours.[60] Le peintre fut en effet chargé de donner, au moulage de cire, l'apparence de la vie.[61] Selon la coutume, le cortège funèbre comprenait d'abord un premier char qui transportait le cercueil de plomb renfermant le corps embaumé, puis un second sur lequel était installé, vêtu de la robe royale aux fleurs de lys, un mannequin en substitut artificiel du corps, lequel était orné du masque de cire.

Entre ses mains reposaient le sceptre d'or et la main de justice. Ce cérémonial, qui présentait le défunt sous ses deux aspects, visible par son effigie, invisible par sa dépouille enclose dans le cercueil, exprimait de façon impressionnante l'idée de la monarchie absolue et de l'immortalité du roi.[62] La chronique de Charles VII par Jean Chartier illustre, dans une première miniature, une situation analogue lors des obsèques de son père Charles VI. [63] **[19]**

Les emblèmes de pouvoir

Sur la tapisserie du Louvre n'apparaissent que deux emblèmes caractéristiques de Charles VII : les fleurs de lys sur fond bleu et les soleils d'or sur fond rouge. Deux autres symboles, le cerf volant et les couleurs armoriales, sont néanmoins trop significatives pour ne pas être également pris en considération dans ce contexte. Seule une observation exhaustive de l'emblématique de Charles VII permet de saisir la portée des œuvres d'art relatives à son règne et, par conséquent, de mieux évaluer l'étendue de ses ambitions en la matière.

La tapisserie aux « Cerfs volants » de Rouen

Les emblèmes du pouvoir de Charles VII sont tous réunis dans l'iconographie d'une tenture unique conservée au Musée départemental des Antiquités de la Seine-Maritime à Rouen.[64] **[20]** La scène du triple motif du cerf ailé appelé « cerf volant » se passe dans un *hortus conclusus,* un jardin enclos. Au centre du jardin, un cerf ailé, couronné d'une haute ramure est paisiblement couché. Sa patte droite tient la hampe d'un étandard avec une oriflamme claquant dans le vent, de couleur rouge et orné de soleils d'or, sur lesquels se détache l'archange Michel combattant le dragon. Une large banderole déroulée aux pieds du cerf et dont une extrémité vient s'enrouler autour de la hampe de l'étendard annonce : « Cet étendard contient un emblème qui enseigne à chaque Français loyal de ne jamais l'abandonner, s'il ne veut pas perdre son bonheur ».[65] Cette déclaration capitale est émise par l'animal couché au centre de l'image. Deux cerfs symétriques sont dressés contre la clôture, qu'ils s'apprêtent à franchir en direction du cerf central. Ils portent autour du cou un collier en or auquel est suspendu un pendentif émaillé avec les Trois fleurs de lys sur fond bleu. « Rien d'autre n'existe sous le ciel, que je préférerais porter » répond le cerf de droite.[66] Les propos du cerf de gauche sont moins lisibles, mais on ne peut guère se tromper en leur attribuant un sens louangeur: « ... cette enseigne de gloire et de victoire ».[67] Un écusson en cuir avec les Trois lys héraldiques a été fixé au milieu de la clôture. En dehors de l'espace clos sont assis face à face, au milieu d'une opulente végétation, deux lions levant chacun la patte antérieure droite. Bien que leurs dents redoutables pointent dans leurs gueules entrouverts, ils ne rappellent que de très loin la puissance des lions anglais. De taille nettement réduite comparée à celle des cerfs volants ils ont un aspect figé qui leur enlève tout caractère menaçant.

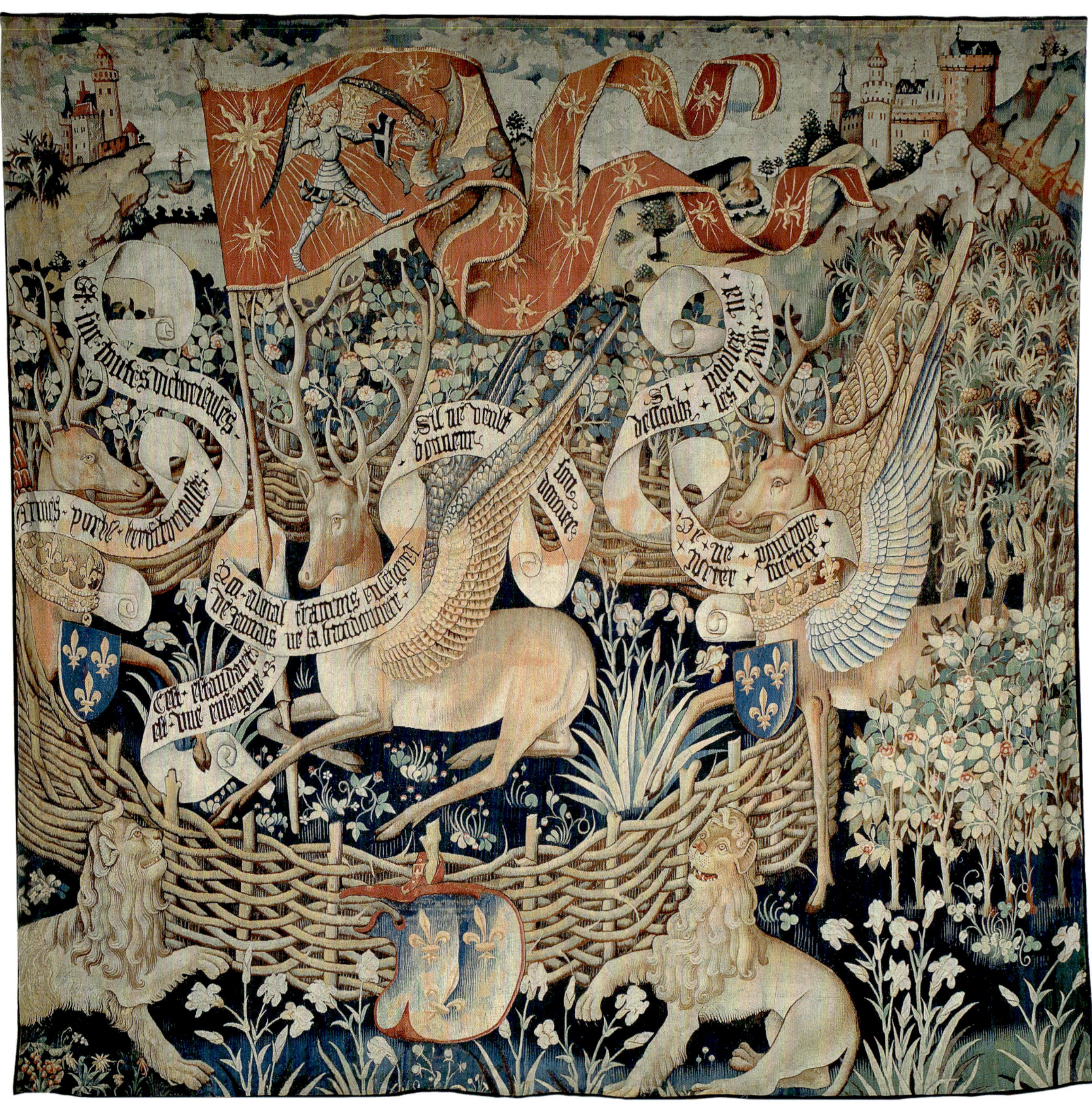

20 *Les « Cerfs volants »*, tapisserie, Tournai entre 1453 et 1461. Rouen, Musée départemental des Antiquités de la Seine-Maritime.

Le cerf central couché avec l'étendard de saint Michel symbolise la paix, que Charles VII a conclue en 1453 après la fin de la guerre de Cent Ans. Les trois cerfs volants représentent la légitimité de la maison royale par analogie avec les Trois fleurs de lys.

La tapisserie de Rouen partage avec la tapisserie du trône de Paris la clarté de la représentation et la qualité remarquable du concept artistique.[68] On peut en conclure qu'un même lieu d'origine et une datation identique s'imposent pour les deux tapisseries : Tournai, entre 1453 et 1461.[69] Il n'est certainement pas dû au hasard que le nom de Jean Fouquet soit régulièrement prononcé lorsqu'on s'interroge sur la paternité de la tenture de Rouen.[70]

Le cerf volant

Parmi les emblèmes choisis par Charles VII pour illustrer sa légitimité, la représentation du cerf ailé, appelé « cerf volant », joue un rôle prééminent.[71] À l'occasion de l'entrée triomphale de Charles VII dans la ville de Rouen libérée de l'occupation anglaise en 1449, trois témoins oculaires, Christine de Pisan, Jean Chartier et le Héraut Berry, racontent, qu'un cerf ailé blanc avec une couronne d'or autour du cou s'était agenouillé devant le monarque sur le parvis de la cathédrale.[72] Sa mère Isabeau de Bavière, lors de son couronnement en 1389, avait eu pareille apparition d'un cerf ailé blanc. [73] Capable de bouger les yeux, les cornes d'or et les pattes et le cou ceint d'une couronne, il brandissait son épée.[74]

Jean Jouvenel des Ursins, chroniqueur et prélat à la cour de Charles VII, raconte une légende, selon laquelle le père du roi se serait déjà identifié au cerf ailé :[75] Lors d'une chasse dans la forêt de Senlis le jeune roi Charles VI se serait emparé d'un cerf dont le collier portait l'inscription *Caesar hoc mihi donavit.* Comme César était en ce temps le modèle par excellence auquel se référait tout prince de l'Occident, Charles VI retint le cerf comme emblème de son pouvoir. En ce qui concerne les ailes dont l'animal est équipé, le récit d'un rêve du roi rapporté par le chroniqueur Jean Froissart, en livre une explication :[76] Charles VI rêva que pendant la chasse, son faucon lui avait échappé ; un cerf ailé apparut alors et le transporta dans les airs *pardessus les grands bois et les hauts arbres* pour lui permettre de retrouver son faucon. Le conseiller du roi, Philippe de Mézières, en reprenant ce motif dans son poème « Le songe du vieil Pèlerin », a joué un rôle important dans l'emblématique des rois de France.[77] **[21]** Eustache Deschamps cite le cerf volant dans sa ballade moralisée « Prophétie en l'honneur de Charles VI ».[78] Henri Sauval, un chroniqueur du XVIIIe siècle, relate l'action suivante :

Charles VI, dans son désir de s'assurer d'une partie du trésor royal – au lieu de faire fondre l'or en barres – aurait fait prendre un moulage en or du cerf sculpté à taille réelle et placé dans la grande salle du palais.[79]

En outre des miniatures mentionnées, une preuve matérielle du cerf volant a été conservée dans l'étendard en bronze émaillé d'un pennon. **[M 6]** Il a été trouvé en 1980 dans les fouilles archéologiques du puits du donjon de Philippe Auguste sous la cour carrée du Louvre, en même temps qu'un casque en cuivre doré de Charles VI portant sa devise EN BIEN.[80] **[22]**

Depuis l'apparition d'un cerf blanc, qui avait indiqué au roi mérovingien Clovis la bonne voie à travers le fleuve de la Vienne, cet animal plein de mystères jouait un rôle important dans la légitimation du roi français. **[29, p. 56]**

Un cerf blanc se trouvait en face de l'entrée de la salle du parlement au Palais de justice de Paris ;[81] et pour décorer la salle où l'on rendait la justice à Vendôme en 1458 on choisit deux tapisseries comportant chacune un couple de cerfs volants. **[23]**

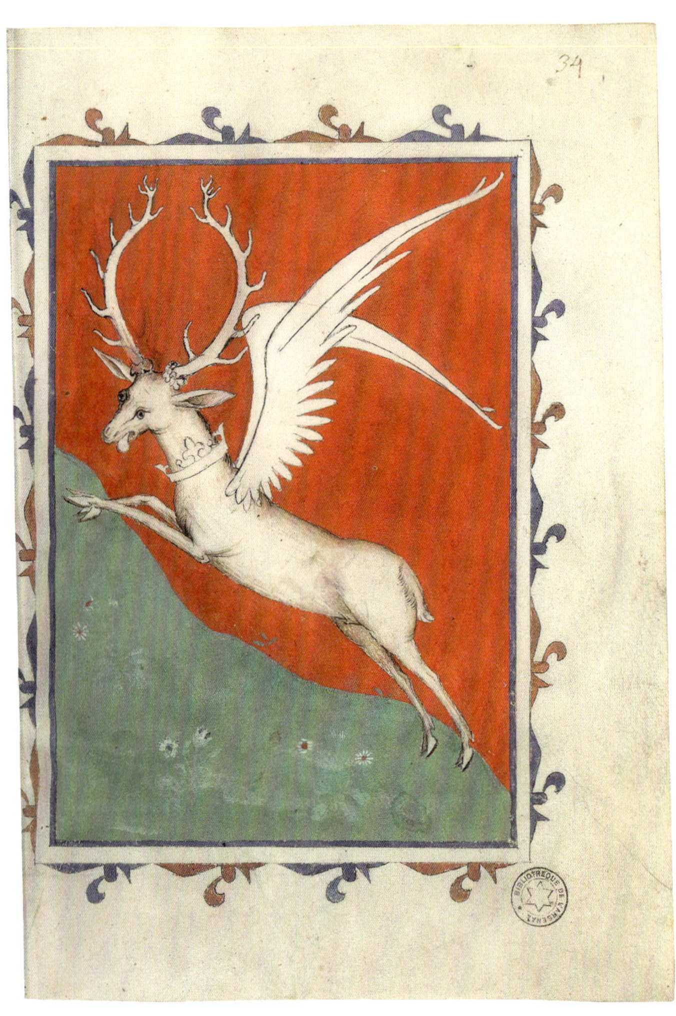

21 Philippe de Mézières, *Le songe du vieil Pélerin*. Paris, Bibliothèque de l'Arsenal, ms.2682-3, fol.34r

Charles VII a repris de son père l'emblème des deux cerfs volants tenant l'écusson royal au signe des Trois fleurs de lys. Le même motif se retrouve autour de 1465 dans une enluminure des « Chroniques de Charles VII » de Jacques Chartier.[82] Dans la poésie contemporaine, comme dans celle de Christine de Pisan, Charles VII est célébré lui-même comme cerf volant.[83] Peu de temps après le sacre du roi, Pierre Champion en faisant des éloges de Charles VII comme cerf volant, le désigna comme deuxième Charlemagne et vrai successeur du roi Clovis dans le métier des armes.[84] Le cerf volant a conservé sa valeur emblématique pour tous les rois français de Charles VI jusqu'à François Ier.

Fleur de lys héraldique – lis, iris et rose botaniques

Selon une légende du haut Moyen-Age, un ange descendant des cieux présenta à Clovis un drap bleu avec les Trois fleurs de lys. En héral-

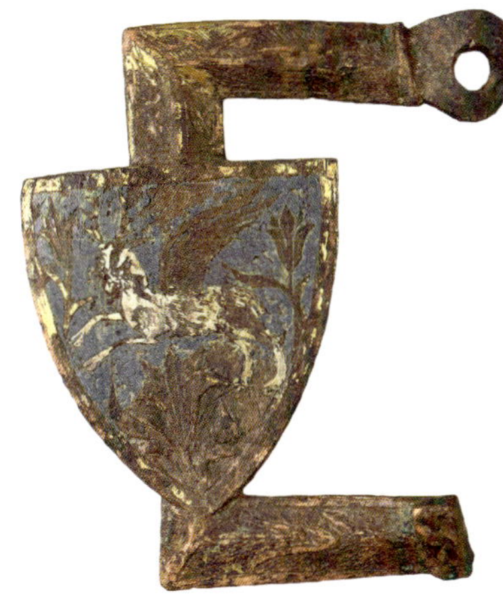

M6 *Le Pennon* de Charles VI. Paris, Louvre, Cour Carrée.

dique, le lys était généralement associé à la Trinité ainsi qu'à la pureté de la Vierge. Au cours du XIIIe siècle, se développa l'idée que les trois pétales de la fleur avait chacun une signification propre : le pétale central symbolisait la foi *(foy)* et les deux latéraux représentaient prouesse *(chevalerie)* et sagesse (*sapience*).

C'est Robert II (972–1031), le premier roi de la dynastie des Capétiens qui choisit d'orner sa couronne de fleurs de lys. Ses successeurs y ajoutèrent aux XIe et XIIe siècles le sceptre coiffé du même signe héraldique. Avec Louis VII et Louis VIII, l'*Azure semé-de-lis Or* devint un élément obligatoire dans les armoiries des *princes des fleurs de lys.* Successivement treize rois Valois et huit représentants de la dynastie des Bourbons continuèrent à utiliser le lys comme emblème, raison pour laquelle il prit le nom de « lys Valois » ou « lys Bourbon ».[85] « Les Grandes Chroniques de France » enluminées par Jean Fouquet illustrent bien l'omniprésence des étoffes bleues parsemées de fleurs de lys en or brochées ou brodées lors des festivités de la cour.[86] **[16, p. 32]** Même si le commanditaire de ce manuscrit précieux demeure anonyme, l'intention d'écrire une histoire nationale avec des séquences dynastiques depuis l'époque mérovingienne jusqu'à Charles VI, laisse supposer que la commande provient de la maison royale. Avec continuité et indépendamment de la mode de son temps, chaque monarque successif a porté, lors de son couronnement, la robe de Charles VII. Le bleu et l'or, les deux couleurs royales, prédominent dans toutes les miniatures des « Grandes Chroniques », qu'il s'agisse d'une audience en salle, d'une négociation de guerre sous tente ou à ciel ouvert. Lorsque Charles VII conféra leur titre de noblesse à Jeanne d'Arc et sa famille, il leur attribua le droit de frapper leurs armes de deux fleurs de lys ainsi que celui de prendre le nom de « du Lys ».

22 Casque de Charles VI, copie. Paris, Louvre, Cour Carrée.

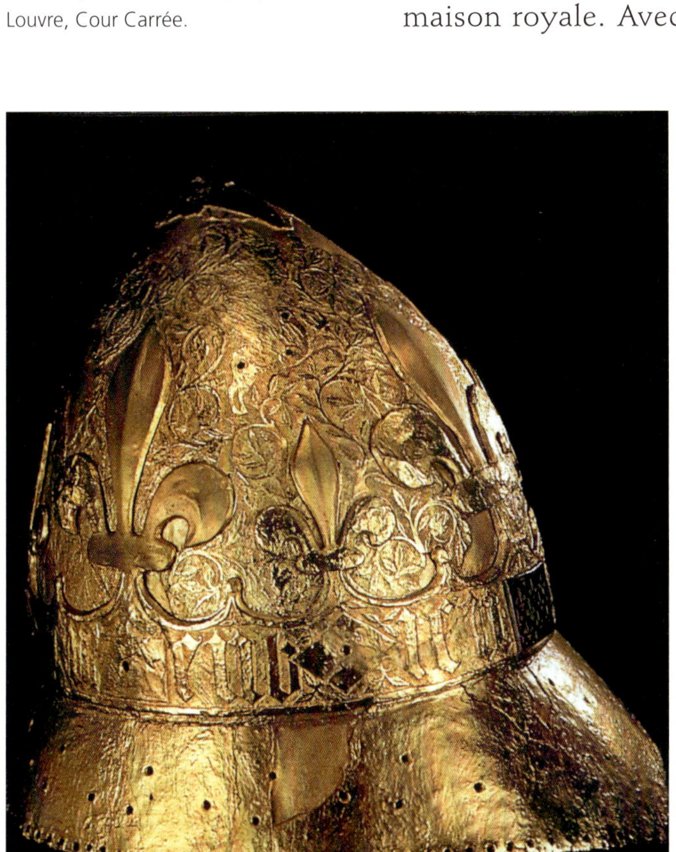

Avec ses trois pétales, le symbole héraldique du lys ressemble sur le plan botanique d'avantage à un iris de la famille des *iridaceae* qu'à un lis. En réalité, Charles VII ne faisait guère la différence entre les deux espèces botaniques: l'iris et le lis *(lilium candidum)*.

Sur la tapisserie aux « Cerfs volants » conservé au Musée de Rouen, fleurissent de nombreuses plantes d'iris à l'intérieur et à l'extérieur de la clôture. **[24]** Dans le bosquet contournant la zone cultivée du jardin poussent plein d'arbustes couverts d'églantines. **[20, p. 44]**

A côté du lis, la rose jouait un rôle non négligeable pour Charles VII. Au *frontispiz* du manuscrit de Boccace à Munich montrant le *lit de justice,* l'iris et la rose alternent dans les compartiments vert, rouge et blanc de l'encadrement. **[33, p. 67]** Pourtant il reste obscur : quelle signification attribuait Charles à la rose isolée ? Seule une source de 1459 nous apprenant que le roi avait fait broder des branches de rosier sur les uniformes des officiers de sa garde, témoigne de l'importance que revêtait cette fleur à ses yeux.[87]

On constate que l'écusson avec les fleurs de lys repose souvent sur un terrain fleuri, où poussent de vrais lis et des roses.[88] Ces deux symboles floraux se retrouvent côte à côte sur une empreinte du sceau royal à Toulouse à partir de 1449.[89] **[11, p. 23]** L'écu d'or, une monnaie également frappée à Toulouse montre l'écu fleurdelisé sur l'avers et des lis naturels sur le revers. **[M 1, p. 22]**

D'ailleurs, son père Charles VI avait aussi parmi ses emblèmes une branche de genêt avec ses fleurs et ses fruits en forme de gousses, en commémoration de l'*ordre de la coste de genest* fondée par Saint Louis en 1234.[90] Une branche de genêt fleurie apparaît sur le premier sceau de majesté de Charles VII.[91]

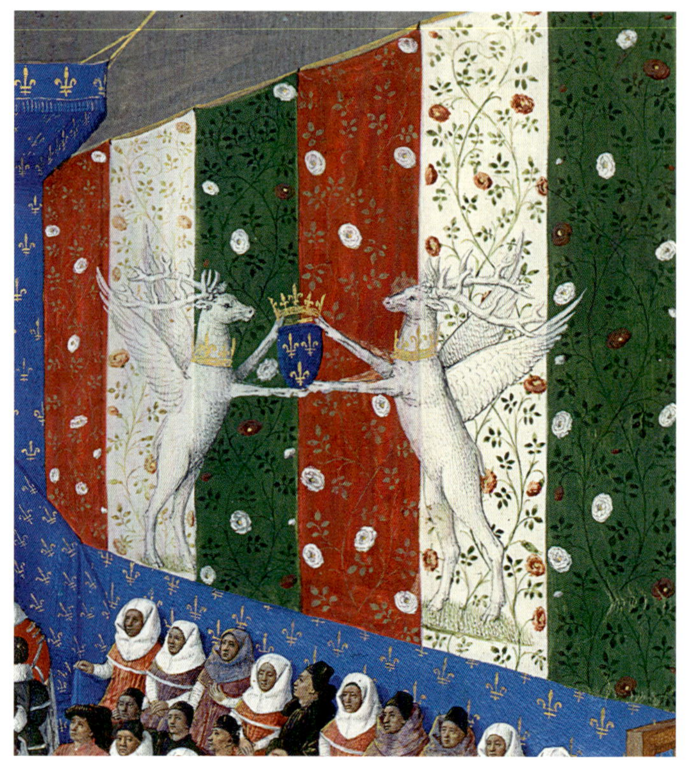

23 Tapisserie aux « Cerfs volants », détail fig. 33.

24 Iris et fleurs de lys, détail fig. 20.

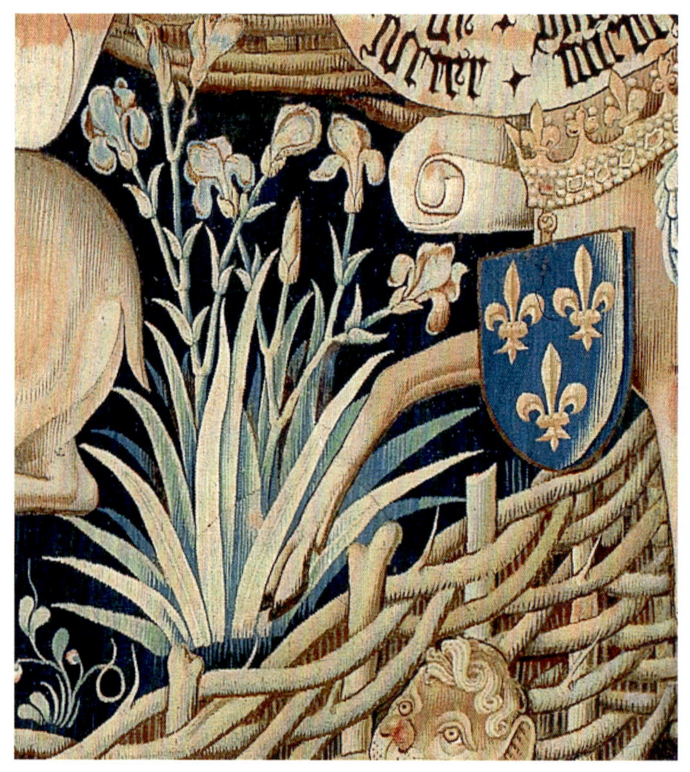

L'emblème de Michel et du Soleil

Outre le lys omniprésent, symbole de la royauté, la figure emblématique de Michel illustre la volonté infatigable dont fait preuve Charles VII de reconquérir la France. Depuis le Xe siècle, l'archange Michel combattant avec le dragon joua un rôle toujours plus important à travers tout le Saint-Empire romain germanique. Il jouissait surtout de l'admiration générale comme protecteur des militaires. Ce fut à la suite de nombreuses visions de saint Michel que Jeanne d'Arc partit accomplir sa mission auprès de Charles VII. Durant la guerre de Cent Ans et l'occupation de la France par les Anglais, l'archange était même considéré comme le protecteur national, car c'était grâce à lui que l'abbaye du Mont-Saint-Michel en Normandie avait pu résister à l'ennemi et rester française. Pour Charles VII, qui fit fabriquer autour de 1420 plusieurs bannières le représentant, l'archange Michel était le signe par excellence d'un combat victorieux. Par la création de l'ordre de Saint-Michel en 1469, le fils de Charles VII, Louis XI, donna une réplique adéquate à l'ordre bourguignon de la Toison d'or fondé en 1430. Les 31 membres de l'ordre, étendus plus tard à 36 chevaliers portaient chacun le collier composé de coquilles en or avec le pendentif représentant saint Michel. **[M 7]** Les rassemblements du chapitre de l'ordre eurent lieu au début dans l'abbaye du Mont-Saint-Michel, avant que l'endroit ne fût jugé trop éloigné.

Dans son récit de la *joyeuse entrée* de Charles VII à Paris en 1437, le chroniqueur le Héraut Berry a décrit les emblèmes héraldiques des drapeaux et des étendards : parmi ceux-ci, un cavalier de l'écurie royale portait un étendard rouge parsemé d'étoiles en or avec l'image de saint Michel.[92] On retrouve, au centre de la tapisserie de Rouen, un étendard identique déroulé par le grand *cerf volant*. **[20, p. 44]**

Charles VII favorisait aussi le symbole du soleil, *l'oriflamme*, séparément de l'emblème de saint Michel.[93] **[14, p. 26]** Des rayons de soleil ornaient, d'après Christian de Mérindol, un auvent du monarque, et ils figuraient également sur la moitié supérieure d'un sceau.[94] **[9, p. 23]** Une source ayant trait au tournoi qui eut lieu à Nancy en 1445, mentionne qu'il fit broder des soleils d'or sur les livrées des pages et les housses des chevaux.[95] Ainsi le titre de Roi Soleil dont se paraît Louis XIV et qui fait l'objet de recherches historiques récentes, pourrait bien avoir une origine médiévale. Dans ce contexte, il se trouve même qu'on interprète la fleur de lys comme un symbole solaire.[96]

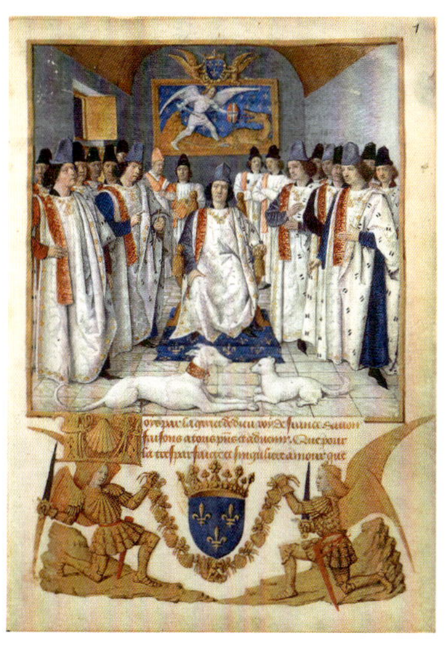

M 7 Jean Fouquet, *Statuts de l'ordre de Saint Michel*, environ 1470. Paris, Bibliothèque nationale de France, Ms.fr.19819, fol.1.

Les couleurs armoriales vert/blanc/rouge

Au début du règne de Charles VII, à partir de 1422, ses armoiries étaient composées des couleurs bleu/blanc/rouge.[97] Pour éviter une confusion de ces couleurs avec celles du duc de Bedford ou du duc de Bourgogne, Charles changea le bleu en vert. La couleur verte était en outre liée au pouvoir juridique. Lors du couronnement de Charles

VII à Reims, la cathédrale fut décorée de ces trois couleurs, et après la cérémonie, le roi fit don à la cathédrale d'un tapis de satin vert et d'un autre en velours rouge, tandis que la basilique de Saint-Remi de Reims recevait pour sa part un tissu de damas blanc.[98] Après la mort de Charles VII, les trois couleurs armoriales furent reprises par ses successeurs.[99]

Le décor rayé vert/blanc/rouge se trouve en double aspect dans la scène de justice déjà citée du manuscrit de Boccace à Munich : sur les tentures représentées aux murs latéraux de la salle ainsi que dans l'encadrement de l'enluminure.[100] **[23, p. 48 + 33, p. 67]**

Le Livre d'Heures d'Etienne Chevalier conservé au Musée Condé de Chantilly, également enluminé par Jean Fouquet, témoigne d'un geste de loyauté unique du commanditaire envers son maître seigneur.[101] **[25]** En effet, à la place de l'aîné des Rois mages, c'est Charles VII en personne, tête nue, qui présente à la Vierge et à l'Enfant un calice plein de monnaies d'or. Il est représenté agenouillé sur un coussin posé sur un tapis bleu à fleurs de lys devant l'étable où s'abrite la Sainte Famille. Les fleurs de lys sont brochées ou brodées avec du fil d'or agrémenté de perles. Ce tissu précieux de velours bleu – qui accompagne immanquablement les représentations de rois de France – est maintes fois décrit dans les sources historiques.

Les deux autres Rois mages représentés plus jeunes d'allure ont les traits des fils de Charles VII, Louis et Charles. Les vêtements du père comme des fils offrent une fois encore une combinaison des couleurs vert/blanc/rouge. Derrière le roi à genoux sont alignés des guerriers équipés de boucliers et de lances. Leurs pourpoints brodés d'iris et incrustés de pierres précieuses sont colorés des mêmes trois couleurs armoriales ainsi que les plumets de leurs casques. Par ce manuscrit, Etienne Chevalier offre à son seigneur un témoignage de la plus haute vénération en le plaçant – de pair avec sa propre image accompagné de sainte Etienne – en pose de donateur.[102] En plus, Chevalier intègre dans l'image la garde royale, montrant ainsi que la présence de cette milice était obligatoire partout où le roi faisait son apparition. Dans sa description de la joyeuse entrée du roi à Rouen en 1449, le chroniqueur Mathieu d'Escouchy nota les couleurs armoriales des pourpoints brodés de joyaux, que portaient les troupes d'élite écossaises.[103] De même lors de l'entrée du roi dans la ville de Caen le 6 juillet 1450, le baldaquin était bordé de franges vert/blanc/rouge.[104] En 1455, la reine Marie d'Anjou fit cadeau à son mari d'un ornement pour son casque consistant en une pomme d'or faite de losanges ajourés ornés de rosaces émaillées vert/blanc/rouge.[105]

25 L'Adoration des Rois mages, Jean Fouquet, *Les Heures d'Etienne Chevalier*, entre 1452 et 1461. Chantilly, Musée Condé.

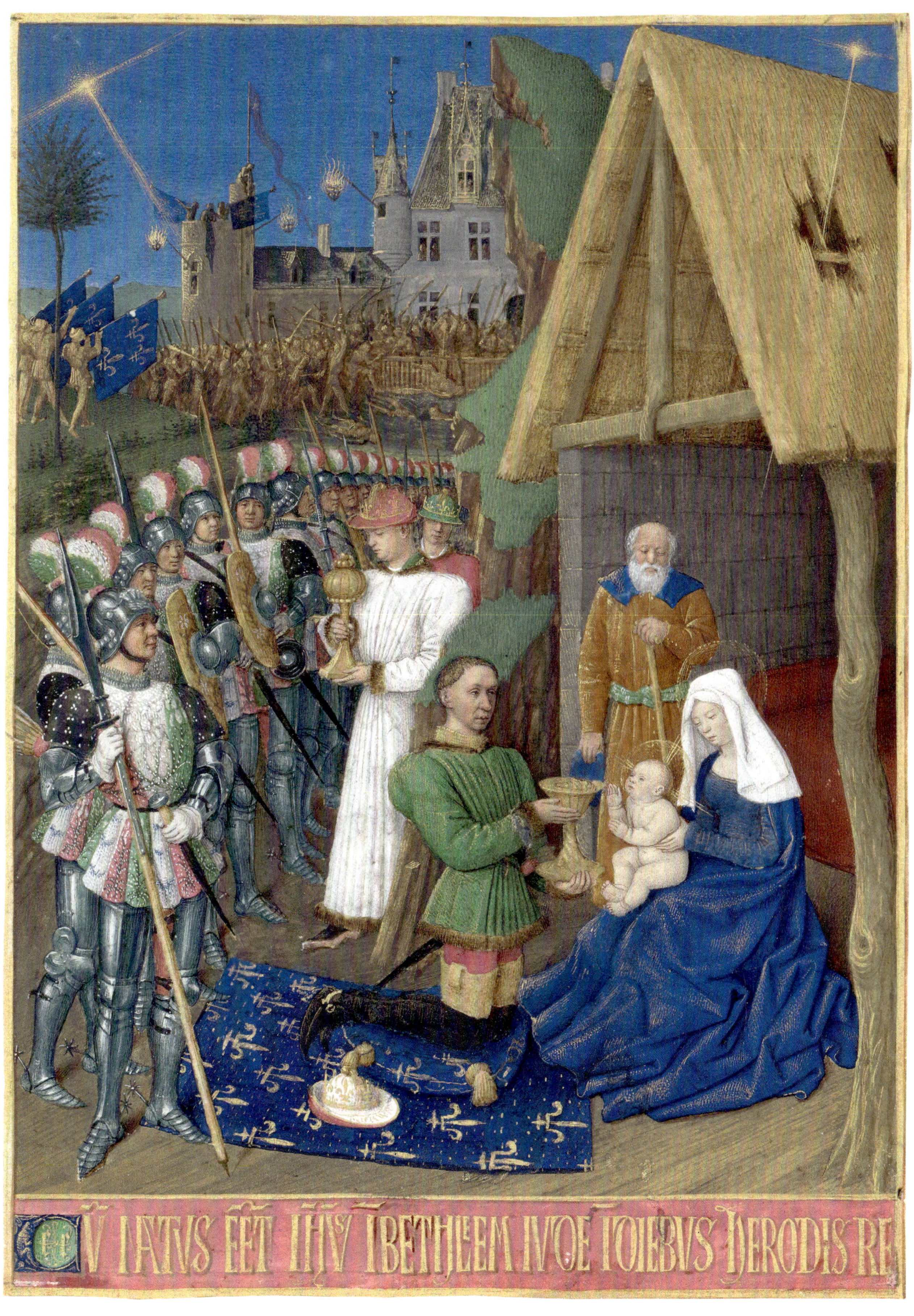

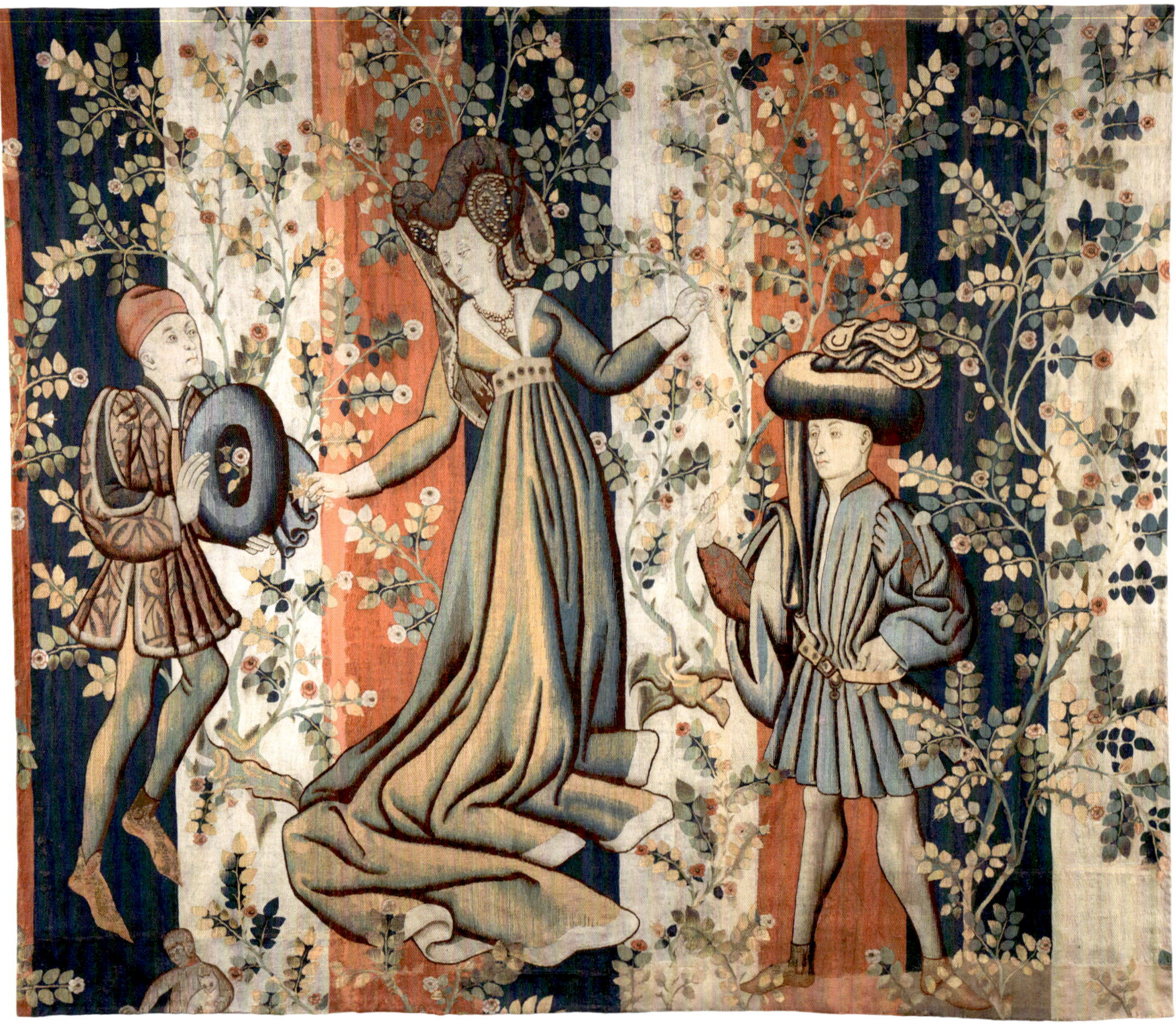

26 « Couples courtois devant des rosiers », tapisserie, Tournai, entre 1450 et 1460. New York, Metropolitan Museum.

« Couples courtois devant des rosiers », tapisserie de New York

Une proximité frappante peut être observée entre la miniature du tribunal de Vendôme, où Jean Fouquet a décoré la salle de justice de deux grandes tentures figurant des « Cerfs volants », et le fond d'une tapisserie du Metropolitan Museum à New York qui présente les mêmes couleurs armoriales.[106] **[26]** Sur un fond de rayures vert/blanc/rouge, des couples courtois se croisent parmi des rangées de rosiers et s'offrent les roses qu'ils ont cueillies.[107] Bien que, faute de banderoles inscrites, aucun récit ne nous donne le contexte de cette scène, celle-ci évoque cependant les jardins d'amour ou le « Roman de la rose » très répandu à l'époque. Il est intéressant de relever l'apparition simultanée de deux signes emblématiques de Charles VII, les roses et les couleurs armoriales. [23, p. 48] En outre, le style étant typique de la décennie entre 1450 et 1460, on peut en déduire que l'œuvre a très probablement été produite dans une manufacture de Tournai. Si on fait abstraction du hennin, du front et de la nuque des hommes et des dames rasés selon la mode du temps, l'ovale clair des visages aux paupières baissées et aux lèvres charnues est très proche de celui des anges de la tapisserie du trône.

Le sacre du roi

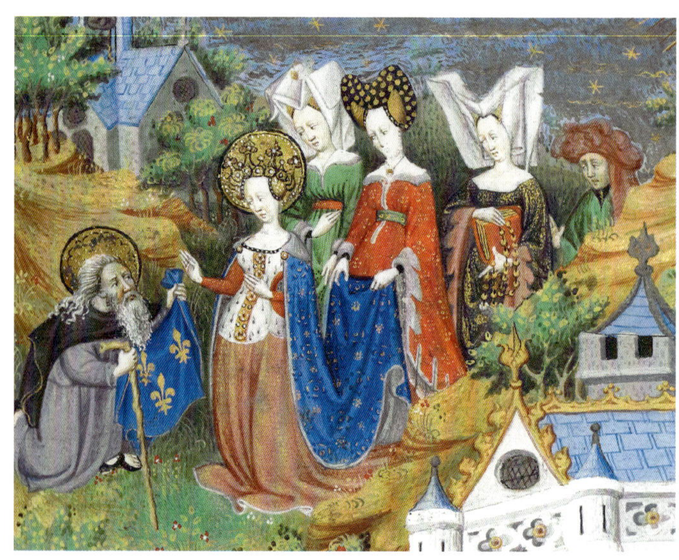

Etant donné l'iconograpie de la tapisserie du trône avec ses deux anges présentant la couronne aux fleurs de lys, une analyse du cérémonial en vigueur lors du sacre s'impose. Cet acte de couronnement perpétuel exprime avec insistance le droit divin de la monarchie absolue. Une brève histoire du rite de l'onction du roi de France, qui avait traditionnellement lieu dans la cathédrale de Reims, sera suivie de la description des circonstances spécifiques qui accompagnèrent le couronnement précipité de Charles VII le 17 juillet 1429.

L'iconographie de la tapisserie du trône du Louvre semble indiquer qu'elle a dû être créée pour la cérémonie du couronnement. Mais vu que le temps de préparation nécessaire à cet acte solennel avait été réduit à un strict minimum, la tapisserie du trône n'a pas pu être ni commandée ni réalisée à temps, sans compter que ses caractéristiques stylistiques excluent qu'elle ait été exécutée autour de 1429.

La légende de Clovis

Les origines du rite sont liées au personnage mythique de saint Clovis (né environ en 466 et mort en 511). Depuis la relation de la vie de ce roi franc de la dynastie des Mérovingiens par Grégoire de Tours dans le deuxième livre de ses *Historiarum libri decem*, Clovis connaît une vénération absolue. Premier monarque ayant reçu le baptême chrétien, il a libéré la Gaule du joug romain et a réuni les différentes tribus germaniques et petites principautés franques sous le contrôle d'un pouvoir central.

L'histoire de la bannière aux fleurs de lys apparaît déjà dans la légende de Clovis. Deux anges descendus du ciel ont confié à un moine de Joyenval, un drap bleu avec les Trois fleurs de lys d'or ; celui-ci le remet ensuite entre les mains de Clothilde, l'épouse Bourguignonne de Clovis, qui venait fréquemment rendre visite au saint frère à l'ermitage afin de prier avec lui pour le salut de l'âme de son mari. **[27+M8]** Clothilde joua en effet un rôle décisif dans la conversion de Clovis à la foi chrétienne. C'est ainsi que l'ancien drapeau avec le symbole païen des Trois crapauds fut remplacé par celui qui, dès lors, arbora l'emblème des Trois fleurs de lys. Ainsi, la campagne finale, qui permit à Clovis de remporter la victoire sur ses ennemis, se déroula sous la nouvelle bannière descendue du ciel. La légende a été reprise et illustrée dans de nombreux manuscrits. Le Livre

27+M8 *Livre d'Heures de Jean duc de Bedford*, environ 1430.
London, British Library, Add.MS 18850, fol. 288v.

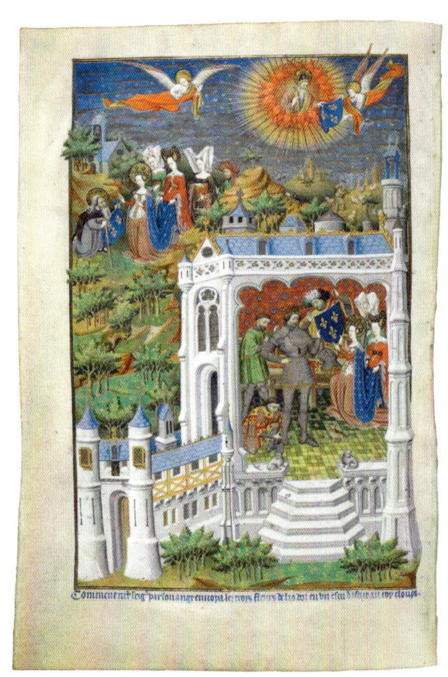

d'Heures du duc Jean de Bedford, frère cadet du roi anglais Henry V, lui consacre les deux dernières pages du volume.[108]

L'Histoire de Clovis a également représenté un sujet fort prisé par les auteurs de tapisseries. En 1393, le duc de Bourgogne, Philippe le Hardi, fit cadeau d'une tenture ainsi illustrée à son cousin anglais, le duc de Lancaster et, en 1412, Jean sans Peur offrit une tapisserie de Clovis au dauphin Louis, l'aîné du roi Charles VI, mort prématurément. Pour fêter les noces de Charles le Téméraire avec Marguerite de York en 1468 à Bruges, six tapisseries illustrant le thème décoraient le Prinzenhof. Cette même série est mentionnée une dernière fois en 1598 dans l'inventaire du Palais Coudenberg à Bruxelles.[109]

Un autre ensemble dédié à « l'Histoire du roi Clovis » nous est connu. À l'origine, il était également composé de six tentures monumentales, mais seuls deux exemplaires ont survécu, aujourd'hui conservés au Palais du Tau à Reims. **[28+29]** Les sujets de toutes les scènes représentées nous

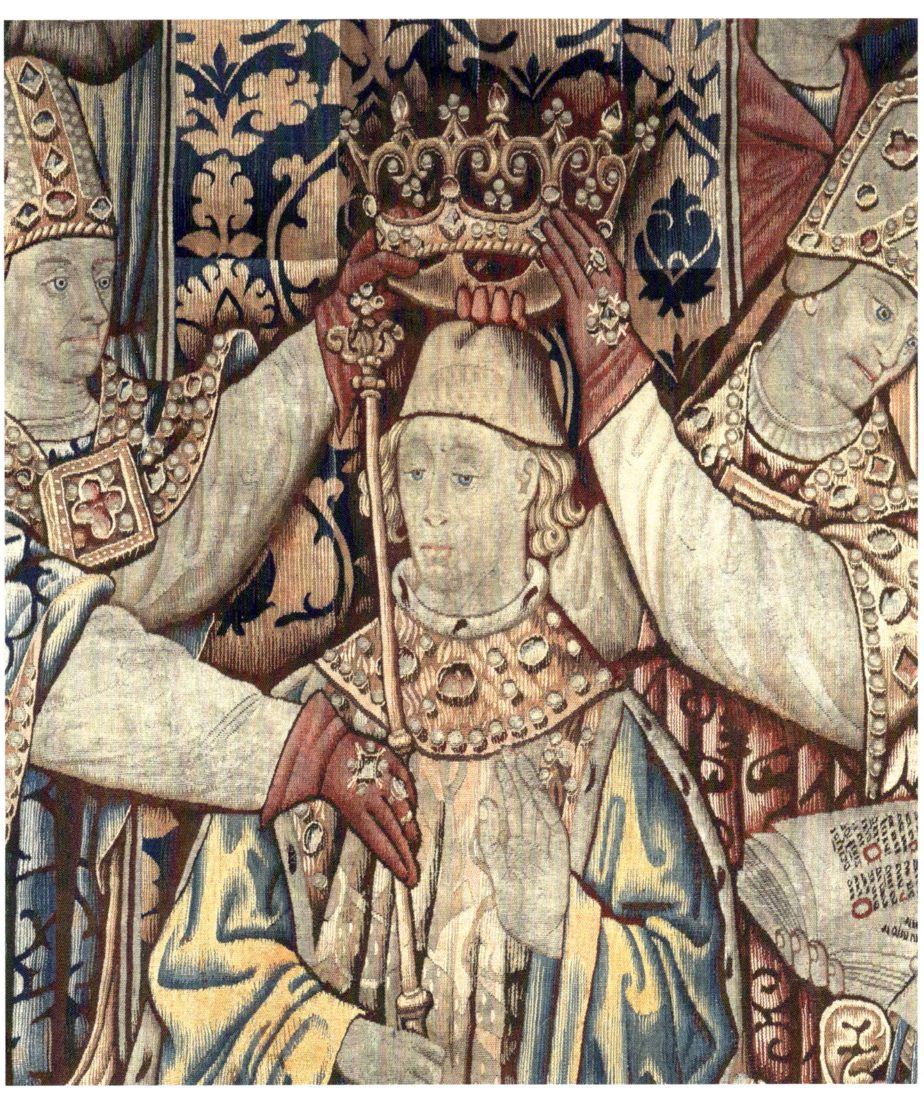

28 Le couronnement du roi Clovis, détail de la première tapisserie. Reims, Palais du Tau.

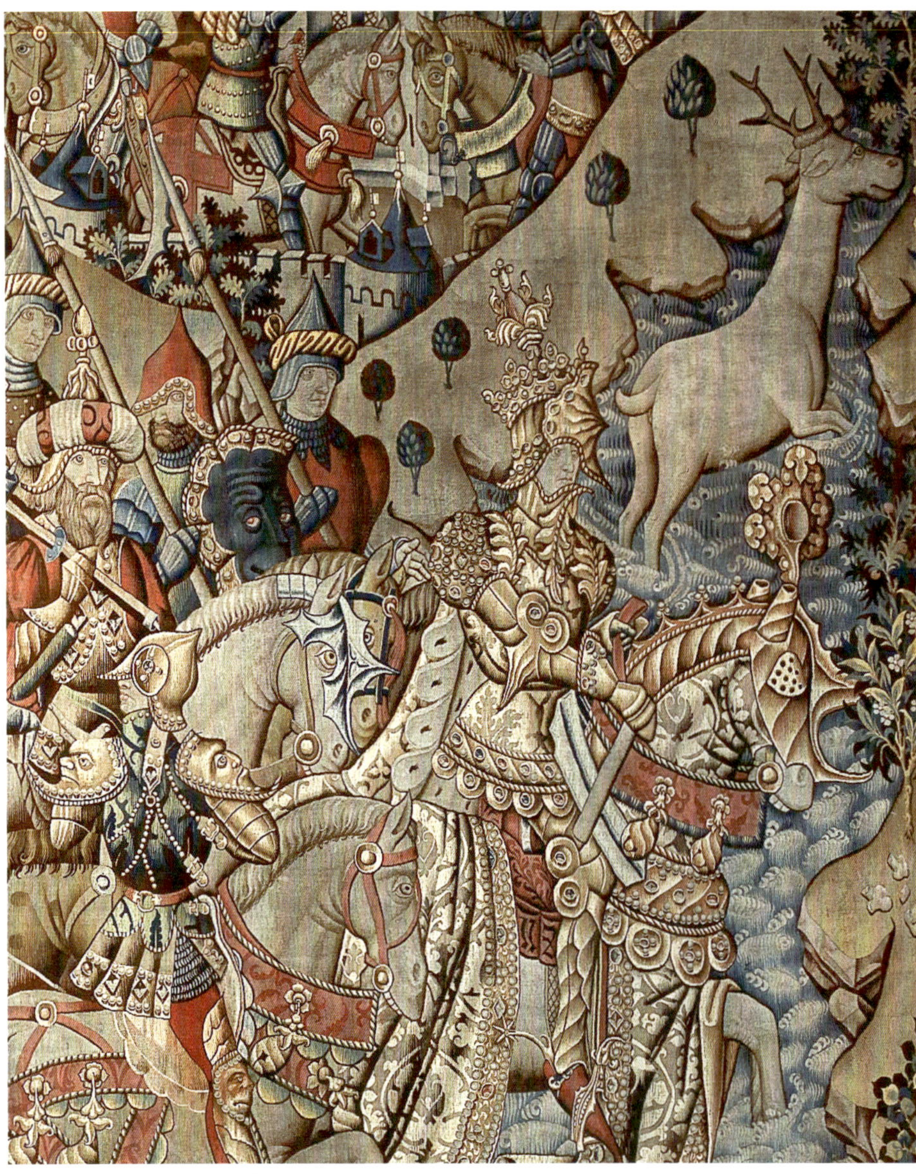

29 L'« Histoire du roi Clovis », moitié droite de la deuxième tapisserie, Tournai, entre 1460 et 1465. Reims, Palais du Tau.

sont parvenus grâce aux recherches du savant bibliothécaire Louis Paris en 1843.[110] La série s'ouvre sur la cérémonie du couronnement.[111] **[28]** Deux diacres tiennent la couronne aux fleurs de lys au-dessus de la tête de Clovis qui trône sous un riche baldaquin. Leur geste évoque de loin celui des deux anges sur la tapisserie du trône de Charles VII.

Les tentures de Clovis datent environ des années 1460–1465 et peuvent ainsi être stylistiquement rapprochées de la tapisserie du trône. Leur commanditaire de même que leur lieu de destination sont inconnus. La plus ancienne mention les concernant remonte à 1573, lorsque le cardinal Charles de Guise les a léguées à la cathédrale alors qu'il était évêque de Reims. À partir de ce moment et jusqu'à la Révolution française, les tapisseries du XVe siècle illustrant l'« Histoire du roi Clovis » ont servi de cadre somptuaire à l'occasion du sacre des rois successifs.[112]

L'ordonnance liturgique du couronnement

Le successeur de Charlemagne, Louis le Pieux, a été couronné deux fois : en 813, à Aix-la-Chapelle et trois ans plus tard à Reims. Les rites liturgiques qu'il fallait observer, ont été continuellement modifiés.[113] À partir de l'an 861, entrèrent en vigueur les règles que le clerc Hincmar avait établies dans ses *Annales de Saint-Bertin.*[114] Le sacre fut d'abord célébré en l'église Saint-Remi, puis dès le XIe siècle et jusqu'en 1825 dans la cathédrale de Reims. La règle la plus connue, l'*ordo* de 1250 remonte au règne de Saint Louis.[115] La *sacra unctio regalis* de 1365 est certainement due à la forte personnalité de Charles V.[116] C'est lui qui introduisit le titre de *roi très chrétien*, manifestation de la position spéciale occupée par les souverains français.

Le couronnement de Charles VII (1429)

Après le départ des Anglais et la libération de la ville d'Orléans, il fallut l'impulsion décisive de Jeanne d'Arc, pour que Charles accepte d'être couronné à Reims. En 1422, tout de suite après la mort de son père, Charles s'était autoproclamé successeur légitime au trône, ce qui, aux yeux de la Pucelle, n'avait aucune valeur. De sorte que jusqu'à son sacre, elle n'utilisait que son titre de « dauphin ». La situation était d'ailleurs ambiguë car au moment des funérailles de Charles VI à Saint-Denis, ce n'était pas son fils Charles, mais – suivant le contrat de Troyes de 1420 – Henry V de Lancaster qui avait été proclamé roi de France.[117]

De plus, la route menant à Reims passait à travers des régions occupées par l'ennemi et il fallut 17 jours à Charles VII et à sa suite pour parcourir les 250 km qui séparaient Gien de Reims.[118] Le chroniqueur Enguerrand de Monstrelet a énuméré entre autres, parmi les participants de la cérémonie les princes et les prélats : *[...] toute la baronnie et chevalerie [...] le duc d'Alençon, le conte de Clermont, le seigneur de la Trémouille, le seigneur de Beaumanoir, le seigneur de Mailly [...].*[119] Cependant, le connétable de Richemont, dignitaire en charge de l'épée obligatoire, n'y assista pas, pas plus d'ailleurs que Philippe le Bon malgré l'invitation insistante de la Pucelle. Puisque qu'après 1424, Paris et la bibliothèque royale du Louvre se trouvaient toujours aux mains des Anglais, le livre de l'*ordo* de Charles V n'était pas accessible à Charles VII et à son entourage. Son sacre célébré en 1429 se déroula donc selon l'*ordo* plus ancien des Capétiens.[120]

Pour le même motif politique, les *regalia* obligatoires – couronne, épée, éperons, sceptre et main de justice – n'étaient pas disponibles, leur transport depuis Paris à Reims étant impossible. On se contenta peut-être de la couronne de Charlemagne, dont on allait apprendre plus tard qu'elle était une imitation du XIIe siècle. Seule se trouvait à

Reims la sainte ampoule contenant la huile remontant au temps du baptême de Clovis par saint Remi. Tôt le matin du 17 juillet 1429, le maréchal de Boussac, l'amiral de Culant et les seigneurs Graville et Gilles de Raie chevauchèrent jusqu'à l'abbaye de Saint-Remi pour y chercher l'huile de la sainte ampoule.[121] Le serment prêté par le roi fut suivi du *Te Deum*, de la bénédiction des insignes, de la litanie des saints et de l'onction. Pour l'onction de la tête, de la poitrine, des omoplates, des aisselles et des deux coudes, le roi dégageait sa poitrine devant l'archevêque. Puis il revêtit la tunique et la chape de soie, reçut l'anneau symbole de sa relation indissoluble avec le peuple français préalablement au rite proprement dit du couronnement.

Trois nobles angevins Beauvau, Moreal et Lussé, témoins oculaires de la cérémonie ont relaté les faits dans une lettre adressée à Marie, l'épouse de Charles, et à Yolande d'Aragon, sa belle-mère, toutes les deux restées à Bourges.[122] D'après ce récit, la cérémonie aurait duré de 9 à 14 heures. Son début relativement tard dans la matinée provenait du fait que le nouvel archevêque récemment nommé n'était entré en fonction que la veille et que les préparatifs qui pouvaient habituellement nécessiter jusqu'à un an, avaient dû être accompli en grande hâte la nuit précédente. Selon les propres mots des trois Angevins, *[...] et à l'eure que le Roy fu sacré, et aussi quand l'en lui assit la couronne sur la teste, tout homme cria Noël! Et trompilles sonnerent en telle maniere qu'il sembloit que les voultes de l'église deussent fendre.*[123] C'est en raison de l'analogie avec la liturgie de la nuit de Noël, que l'instant le plus solennel du couronnement fut ainsi salué par le cri de la foule « Noël! ». Tout au long de la cérémonie, Jeanne d'Arc se tint debout à côté de l'autel avec la bannière de saint Michel.[124] Après le couronnement, elle s'adressa ainsi au nouveau monarque : *Gentil roy: or est exécuté le plaisir de Dieu qui voulait que vinssiez à Rheims recevoir votre digne Sacre, en monstrant que vous estes vray Roy, et celui auquel le Royaume doit appartenir.*[125] Par la vertu de son sacre, du vêtement royal et de l'onction, le roi était lavé de tout pêché et avait reçu un nouveau statut en accord avec *l'estat de la religion.*[126]

Pour le peuple, le sacre de Charles VII était empreint d'un élément surnaturel. Il était en effet convaincu que les dangers de la route à parcourir jusqu'à Reims n'avaient pu être surmontés que grâce à l'aide de Dieu et de la Pucelle. Elle était vénérée comme une sainte et le peuple croyait fermement en ses dons miraculeux. Ses contemporains la surnommaient « joyau du royaume, éclat du lys, lumière et gloire des Gaules et de toute la chrétienté ».[127] Ces surnoms, fruits de la vénération populaire, sont révélateurs de la place que tenait la Pucelle dans le renouveau de la grandeur et de la gloire de la nation, valable jusqu'à nos jours.

Joyeuse entrée

Dans le meilleur des cas, le sacre à Reims était suivi immédiatement par la « joyeuse entrée » du roi dans Paris. Cette coutume, réanimée aux XIVe et XVe siècles, mérite une discussion plus large que ne l'exige notre contexte précis. Outre son couronnement, maints évènements donnaient à un prince l'occasion de rencontrer la population d'une ville : conquêtes et capitulations représentaient sûrement des raisons de première importance d'organiser une marche triomphale à travers la ville. La conclusion d'un contrat de paix et la réception des partis impliqués de même que la visite du pape ou d'un monarque étranger, en étaient d'autres. Dans le cérémonial d'une maison princière, la joyeuse entrée faisait partie des festivités organisées à l'occasion de baptêmes ou de noces. Vêtue d'habits de fête, la population de la ville concernée préparait la joyeuse entrée en décorant les rues et les places de drapeaux et de bannières, les balustrades de tapisseries et de tentures de soie. Le cortège princier avançait aux sons de la musique. Représentations théâtrales et mimées, nommées « tableaux vivants », divertissaient les participants.

Le cérémonial de la joyeuse entrée connaît une longue tradition. Dans les pays de l'orient hellénisé, on vénérait le souverain comme un dieu lorsqu'il faisait son entrée.[128] Selon les prescriptions protocolaires de l'*adventus,* l'empereur romain entrait à pieds dans sa ville. De cette manière, il était à même d'avoir un contact direct avec les notables et la population de Rome. En revanche, lors de sa marche triomphale, la *pompa triumphalis,* il recevait les honneurs debout sur son quadrige comme un commandant d'armée victorieux suivi de ses soldats, des prisonniers de guerre et du butin.

Le cérémonial médiéval de la joyeuse entrée emprunta certains éléments à l'*adventus* romain, en les adaptant à ses propres fins.[129] Cela n'empêchait pas non plus la connotation chrétienne du rite, en faisant référence à l'entrée de Jésus dans Jérusalem fêtée le Dimanche des Rameaux. La joyeuse entrée du roi dans Paris immédiatement après son sacre était désignée comme « la première » entrée ou « entrée solennelle ». Le *dialogue* entre les habitants de la ville et le nouveau souverain (*rex in regalia*) offrait une première occasion de mettre à l'épreuve les sentiments de la population vis-à-vis de leur roi.[130]

De même que le dernier voyage du roi se termine à l'abbaye de Saint-Denis, lieu traditionnel de sa sépulture, sa première entrée officielle dans Paris part également de Saint-Denis.[131] Les notables venaient à sa rencontre hors des murailles de la ville, où avait lieu la réception et l'allocution de bienvenue. Après sa confirmation des privilèges, le roi recevait les clés de la ville. **[30+M9]** Même s'il les transmettait sans délai au membre le plus haut important de son escorte, ce rite, qui évoque l'acte de reddition d'une ville, était indispensable.[132] Quand le monarque arrivait à la cathédrale Notre-Dame, il y était accueilli par le clergé. Les portails ne s'ouvraient que lorsqu'il avait prêté serment de garantir les privilèges ecclésiastiques. Le *iucundus adventus* était suivi d'un grand banquet au palais de justice, à la fin duquel les princes et toute la cour réclamaient à la population parisienne, dans un acte symbolique, qu'elle lui rende le souverain.

Comme à l'époque d'Auguste où des guirlandes et branches de laurier, de fleurs et de fruits ornaient les villes, le décor végétal jouait un rôle important pendant les festivités médiévales. On connaît par exemple la coutume de joncher les rues de fleurs et d'herbes aromatisées fraîchement coupées le long du parcours qu'empruntait le cortège. Les habitants décoraient d'étoffes et de tentures les façades et les balustrades des fenêtres et des balcons ainsi que les tréteaux en bois spécialement construits pour l'occasion. Au nombre de ces tentures exposées aux intempéries figurent beaucoup de tapisseries monumentales et prestigieuses. Manifestement leur présence matérielle jouait un rôle plus important que leur thème, car lors des fêtes séculières il n'était pas plus rare d'avoir sous les yeux des sujets bibliques, que lors des processions ecclésiastiques, des sujets profanes. À l'époque romaine, l'*adventus,* le retour de l'empereur à Rome, était salué par des acclamations. Mais, à notre connaissance, il n'existait pas de réjouissances théâtrales, pas plus que de tableaux vivants. Bien que les reliefs historiés romains présentent des personnifications, telles que des victoires et les divinités d'une ville ou d'un fleuve, le cérémonial de l'*adventus* n'a laissé aucun témoignage d'allégories en forme de mascarade comparables à celles qui avaient cours au Moyen-Age.[133]

Lors d'une joyeuse entrée, ce qui se passait le long de la route suivie par le cortège pouvait avoir un caractère aussi bien religieux que profane : les drames religieux se référaient au calendrier de l'Eglise tandis que les représentations séculières reprenaient des évènements contemporains.

Joyeuse entrée dans Paris (1437)

À cause de la situation politique, la Joyeuse entrée dans Paris – événement capital qui prenait traditionnellement place immédiatement après le sacre du roi -, ne put avoir lieu pour Charles VII que le 12 novembre 1437, c'est-à-dire huit ans plus tard.[134] Elle marqua son retour définitif dans la capitale. **[30+M9]**

30+M9 Enguerrand de Monstrelet, *Chronique*, Paris, Bibliothèque nationale de France, ms.fr. 2679, fol. 322v.

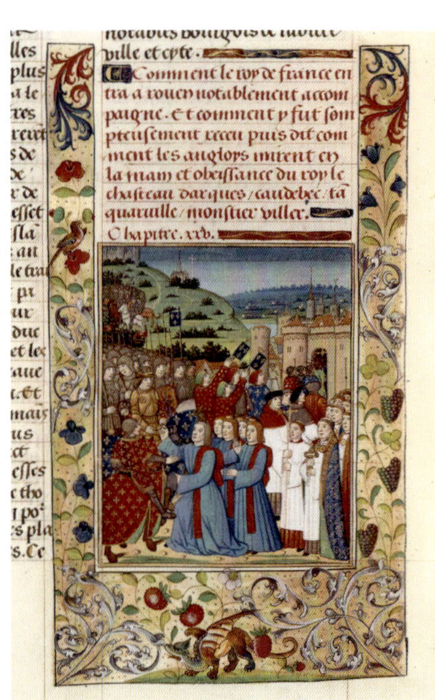

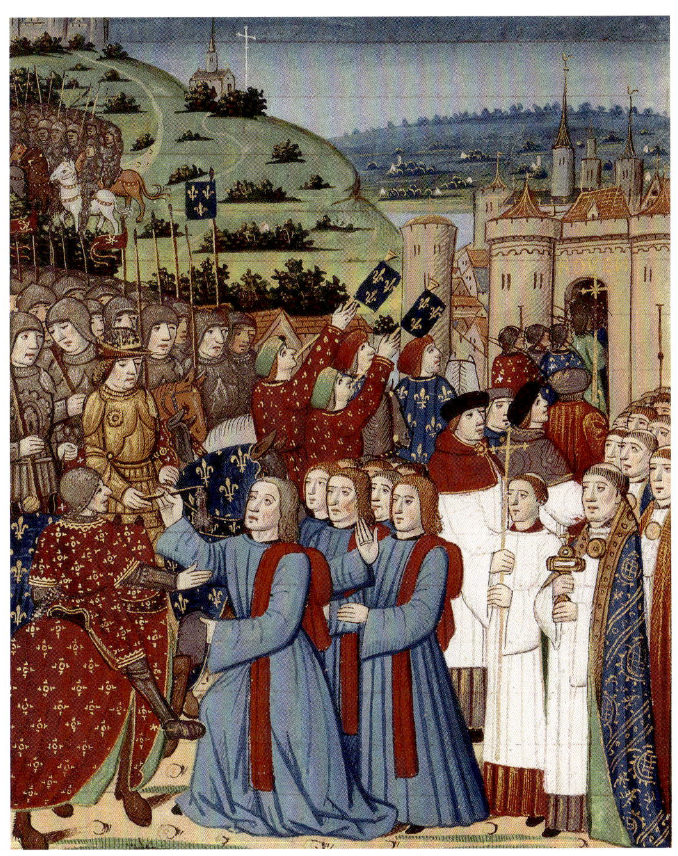

Les 800 archers placés en tête du cortège précédaient les nobles et les dignitaires ; puis venaient le roi, le dauphin, le futur Louis XI, ainsi que des hommes d'armes et des gentilshommes. À la porte Saint-Denis, trois anges tenant un écusson avec les Trois fleurs de lys formaient un tableau vivant. Contrairement à d'autres entrées, Charles VII était revêtu de son armure d'argent.[135] À cheval et sa couronne sur la tête, il portait, par-dessus son armure, une tunique sans manches bleue fleurdelisée. Les chabraques des chevaux étaient faites du même matériel. Quatre échevins maintenaient au-dessus du roi un baldaquin ou dais portable nommé *canopus,* soutenu par quatre lances ou perches. Ce qui manque dans les enluminures mais que mentionnent les chroniqueurs, ce sont les *regalia,* les insignes de pouvoir qui étaient portés devant lui : l'épée d'or qui avait déjà joué un rôle important lors du sacre à Reims, une bannière fleurdelisée en velours, une immense fleur de lys placée sur la selle d'un cheval sans cavalier et finalement – au sommet d'une longue hampe – un heaume orné d'une couronne de fleurs de lys.[136] Le heaume d'apparat ressemblait probablement à celui de son père Charles VI trouvé lors des fouilles menées dans la Cour Carrée du Louvre et dont le métal doré avait une épaisseur trop mince pour être porté même comme casque de parade. **[22, p. 47]** Jean Chenu, avocat au parlement, raconte que l'officier Pothon de Sainte-Treille avait la chabraque de son cheval parsemée de cerfs volants brodés d'or.[137]

La rue Saint-Denis, par laquelle la procession devait passer, était parée d'installations mécaniques que le chroniqueur Enguerrand de Monstrelet a décrites ainsi : *[...] avait une fontaine en laquelle y avoit ung pot où estoit une fleur de lis, laquelle fleur de lis jettoit bon ypocras, vin et eaue. Et dedans ladicte fontaine estoient deux daulphins, et au dessoubz avoit une terrasse volsée de fleurs de lis.*[138] Devant le parlement, à côté des plus hauts représentants de la justice se tenaient des personnages déguisés, incarnant les Sept vertus et les Sept vices.[139]

Hormis celle de la capitale, des joyeuses entrées avaient régulièrement lieu lors des visites royales en province : à Lyon en 1434, à Limoges en 1439, à Toulouse en 1442, à Rouen en 1449 et à Caen en 1450.[140]

Joyeuse entrée dans Toulouse (1442)

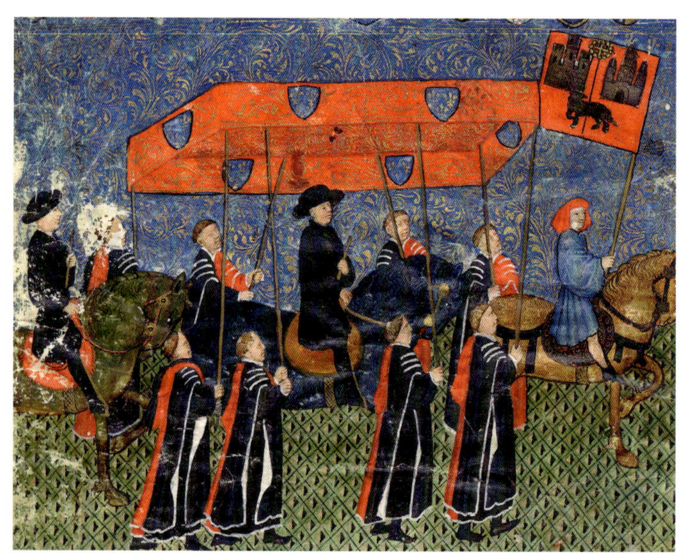

31 *Chronique* 141, 1447–1448. Toulouse, Archives municipales, BB ms. 273.

Durant l'été 1437, Charles VII se trouvait avec son armée dans le Languedoc et remontait en direction de l'Île-de-France pour faire son entrée le 12 novembre dans Paris. Il séjourna encore cinq ans dans la capitale avant de faire son entrée solennelle avec son fils dans Toulouse. Un vitrail représentant Charles VII et le dauphin agenouillés fut dédié à la chapelle Saint-Joseph (ou Saint-Louis) de la cathédrale Saint-Etienne à Toulouse pour commémorer cette première rencontre officielle.[141]

Une enluminure témoigne de la joyeuse entrée dans Toulouse :[142] dans une mise en scène impressionnante le baldaquin rouge monumental était porté par huit nobles de la ville, les Capitouls, au-dessus du monarque à cheval. **[31]** Ces baldaquins portables faits de tissus luxueux, faisaient partie des accessoires obligatoires des joyeuses entrées par analogie avec le baldaquin protégeant le *corpus Christi* durant les processions de l'église. Charles VII portait – comme dans son portrait de Jean Fouquet du Louvre – le chapeau de feutre noir typique, nommé *chaperon de parement*.[143]

L'année d'après, le 11 octobre 1443, Charles VII fonda à Toulouse le parlement du Languedoc. Le retable de la « Crucifixion » destiné à la Grand'chambre du parlement, qui se trouve au Musée des Augustins à Toulouse, témoigne aujourd'hui encore de cet acte fondateur important.[144] Suivant le modèle du parlement de Paris, la justice terrestre était placée sous le signe de la justice divine comme en témoigne le recours à l'iconographie de la Crucifixion sous la forme d'un retable, qui ne fut cependant jamais destiné à orner un autel.

La relation étroite qui existait entre la principale ville du Languedoc et la capitale française est confirmée par la similitude des sceaux de leurs deux parlements. L'écusson des Valois est représenté couronné sur l'un et l'autre parmi des rosiers, mais sur celui de Toulouse, il est maintenu par un seul ange au lieu de deux comme à Paris.[145] **[11, p. 23]** « L'écu d'or à la couronne » frappé dans la capitale du Languedoc est un autre témoin du lien étroit qu'entretenait Charles VII avec la ville de Toulouse. **[M 1, p. 22]**

Joyeuse entrée dans Rouen (1449)

L'entrée de Charles VII dans Rouen, à l'occasion de laquelle furent célébrées, le 10 novembre 1449, la libération de la ville et la reconquête de la Normandie, donna lieu à des manifestations encore plus somptueuses que celles de 1437 à Paris. Le chroniqueur Mathieu de Coucy donne un récit circonstancié de cet accueil émouvant : *Les habitants firent de très grands appareils pour recevoir le roi, ce qui largement leur coûta. Et tendirent les rues de près la porte Beauvoisine* (de Beauvais) *jusqu'à l'hôtel de l'archevêque, de riches draps de diverses couleurs [...] il fut ordonné que toutes les clochers de la ville sonnassent et que tous les citoyens cessassent, huit jours entiers durant, tous ouvrages [...].Il y avait en outre très grand nombre de ménestrels jouant, ès rues et carrefours où le roi devait passer, de divers instruments de musique. Quant aux petits enfants, disposés pour crier « Noël! » il y en avait sans nombre [...]Un des plus notables bourgeois présenta au roi les clés de la ville; mais à grand peine put-il parler, à force de pleurer, dont il fit mal au cœur du roi, qui en eut pitié [...]* (Le cortège royal parvint) *[...] jusqu'à l'église cathédrale de Notre-Dame, duquel lieu sortirent l'archevêque et autres gens d'église, avec des saintes reliques, qu'ils présentèrent au roi. Alors il se mit à pied et les baisa, à genoux; puis il s'en alla devant le grand autel faire son oraison [...] Il y avait si grand nombre de bourgeois et de peuple par les rues où le roi passa que les maisons en paraissaient comme couvertes [...].*[146]

Une enluminure de la Chronique d'Enguerrand de Monstrelet en illustre ce moment solennel.[147] Jacques du Clercq relate dans ses Mémoires, qu'à la tête du cortège marchaient Charles et le roi René entourés du clergé et accompagnés par 600 archers, et que le chancelier Guillaume Jouvenel des Ursins était précédé par un cheval sans cavalier portant le sceau royal sur sa haute selle. Il souligne, en outre, que Jacques Cœur faisait l'objet d'une considération spéciale, car le trésorier royal plein d'ambition sociale aurait su se rendre indispensable par le prêt considérable de 100'000 *écus d'or* destiné à couvrir les frais de la guerre.[148] Le roi, coiffé de son chapeau orné d'un énorme diamant, s'était rendu à la cathédrale au son du *Te Deum.* En route, il avait pu admirer divers tableaux vivants tels la fontaine de l'*Agnus Dei,* une tigresse avec ses petits se contemplant dans un miroir et finalement une personnification de la ville de Rouen. Non seulement Jacques Clercq, mais aussi Christine de Pisan, Jean Chartier et le Héraut Berry ont décrit l'apparition à côté du portail de la cathédrale d'un cerf blanc ailé avec une couronne autour du cou, cerf flanqué de deux jeunes filles qui s'étaient agenouillées au passage du monarque.

Le lit de justice

Au Moyen-Age, les princes assistaient aux audiences de la justice assis sur un trône surmonté d'un baldaquin, ou parfois sur un large lit de parade avec ciel de lit. Une miniature dédicatoire de 1413 environ, présente à côté d'un lit à baldaquin, un vaste sofa qui pouvait servir de siège ; car Isabeau de Bavière trône sur un tel divan recouvert d'un tissus rouge, entourée des dames de sa suite pour recevoir des mains de Christine de Pisan le premier exemplaire des ses « Œuvres ». **[32]** Cette partie intime du palais réservée aux femmes et visiblement utilisée comme chambre à coucher avait été ornée de tentures parsemées de fleurs de lys pour en faire un lieu digne de cette occasion officielle.[149]

De tels sièges en forme de divan furent manifestement aussi utilisés par les juges royaux, d'où leur nom de lit de justice.

L'installation d'un lit de justice lors d'une joyeuse entrée

Dans les sources, le lit de justice est maintes fois mentionné comme une installation éphémère édifiée lors d'une joyeuse entrée. Le chroniqueur Jean Froissart raconte, que juste après le couronnement de Charles VI et d'Isabeau de Bavière en 1389, un tableau vivant particulièrement choisi avait été mis en place à l'intention du couple royal devant le Châtelet à Paris. Il s'agissait d'un château en bois sur lequel était installé un lit riche-

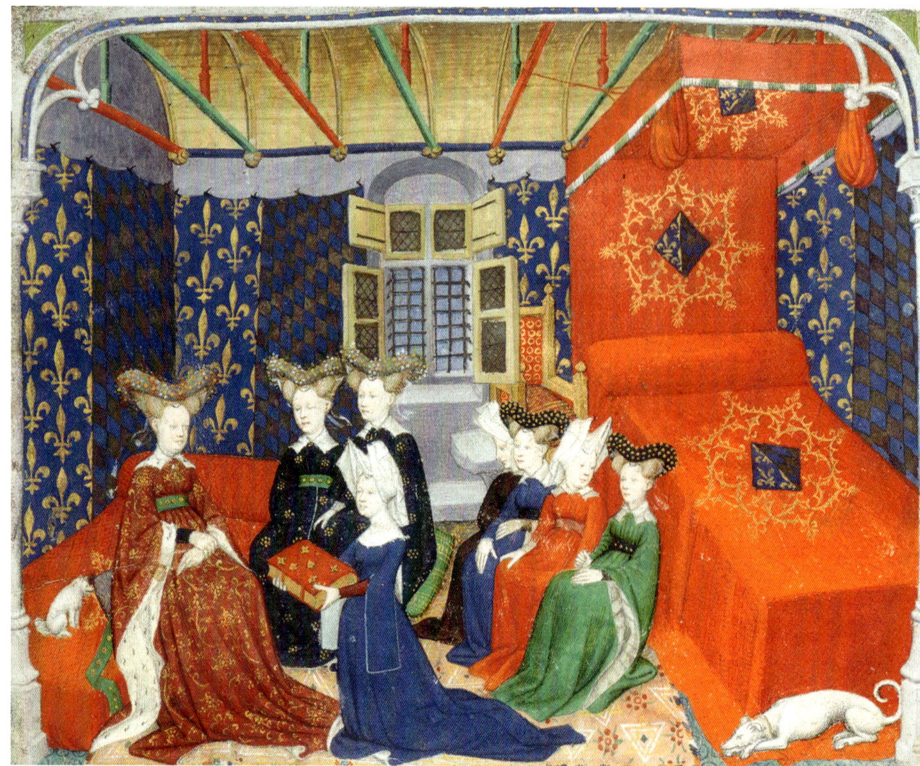

32 Christine de Pisan, *Oeuvres.* Paris, environ 1413. London, British Library, Harley 4431, t. 1, fol. 3.

ment orné, sur lequel était assise sainte Anne. D'un bosquet émergeait un cerf blanc aux ailes dorées avec une couronne d'or autour du cou, qui se dirigeait vers le lit.[150] Or le cerf blanc incarnait pour tout spectateur de ce tableau vivant le symbole de la royauté par excellence.

Immédiatement après son couronnement à Westminster le 6 novembre 1429, le roi d'Angleterre Henry VI célébra sa joyeuse entrée dans Paris, où deux ans plus tard il fut également sacré roi de France. Les Parisiens érigèrent un lit de justice selon la coutume : y trônait, en tant que juge royal, un jeune garçon de dix ans coiffé de deux couronnes, dont la taille et l'âge correspondaient à ceux d'Henry VI.[151] À l'issue des cérémonies, le double-roi se retira définitivement en Angleterre et ne remit plus jamais les pieds sur le territoire français.[152]

Quand Charles VII entra finalement dans Paris en 1437, il put admirer, le long des rues et des places tendues de riches draperies, divers spectacles de théâtre et de mime. Il vit entre autres une « Annonciation aux bergers » résonnant du *Gloria in excelsis Deo* ainsi qu' un « Lit de justice » agrémenté de trois allégories, la Loi divine, la Loi de la nature et la Loi humaine. De l'autre côté de la place du Châtelet, était représenté un « Jugement dernier » avec l'archange Michel pesant les âmes.[153]

Le lit de justice réelle

L'édification de lits de justice pendant les joyeuses entrées n'était que le rappel symbolique des cours de justice réelles et des installations qui y étaient liées.

À partir de 1377, l'expression évolua jusqu'à recouvrir la salle d'audience toute entière, la Grand' chambre du parlement. Elle désigna également les séances du tribunal où avaient lieu la proclamation des édits de guerre et de paix, les déclarations du gouvernement et les verdicts de la justice. Le roi, qui trônait sur une estrade entouré du clergé et de la noblesse du pays, représentait la plus haute instance juridique. Avant que le concept du lit de justice ne se généralise, on parlait de *séances royales* pour mettre l'accent sur le fait que le roi rendait la justice dans toute sa *majesté* et sa *magnificence*.[154]

Les chroniqueurs faisaient la distinction entre l'institution et l'installation, tout en employant dans les deux cas le même terme de *lit de justice*. Dès la première séance attestée, celle du 24 juillet 1366, présidée par Charles V, est mentionnée l'ameublement de la salle du parlement. Ce jour-là, le valet de chambre Guillaume de Feuilloy apporta des appartements royaux un ciel de trône, un couvre-lit et quatre oreillers de velours neufs parsemés de fleurs de lys dorées.[155] À l'intérieur des barres disposées en forme de losanges, fut monté un tréteau en bois pour supporter le lit recouvert, comme les murs de la salle, de draps et de tapisseries. Une fois la session terminée, l'installation fut démontée et les textiles emballés dans des coffres.[156]

Grâce à la miniature du procès de Vendôme qui figure dans le manuscrit de Boccace, nous disposons d'informations iconographiques précises sur l'aspect qu'avait un lit de justice peu après 1458.

Le manuscrit de Boccace conservé à Munich

Sans vouloir aborder la discussion de ce manuscrit sous tous ses aspects, tels que les différentes mains qui y ont œuvré et les différentes dates possibles de sa composition, nous bornerons notre examen à l'enluminure du lit de justice qui touche notre propos.[157] **[33 + M 10]** Nous savons, depuis les recherches du comte Paul de Durrieu, que le commanditaire du manuscrit s'appelle Laurens Girard (ou Gyrard).[158] Ce dernier avait su profiter de la situation privilégiée de son beau-père, Etienne Chevalier, à la cour de Charles VII, pour grimper lui aussi les échelons d'une belle carrière et aboutir finalement au poste prestigieux de *contrôleur de la recette générale des finances du Languedoïl.* L'enluminure du « Procès de Vendôme » fut peinte par Jean Fouquet dans son atelier de Tours peu après 1458 alors que le procès mené contre le duc d'Alençon, dont tout le monde parlait à l'époque, venait juste de se terminer.[159] Pour donner en exemple l'échec d'un personnage illustre tel que décrit par Boccace, dans le *De casibus virorum illustrium*, on avait choisi en la personne du duc accusé de haute trahison un des nobles les plus connus de l'époque. À la manière d'un reportage illustré moderne, l'enluminure en question rapporte en détail les péripéties du procès. Dans une sorte de cage en bois, les pairs de France, des juges et des jurés reconnaissables à leurs collerettes et couvre-chefs blancs ont pris place sur trois rangées de bancs ; au centre sous un baldaquin est assis le roi Charles VII. Le sol, les parois et le trône sont recouverts de draperies bleues à fleurs de lys, et le poids du baldaquin est soutenu par des cordes fixées au plafond. Des deux côtés du trône sont suspendues des tapisseries monumentales aux cerfs volants. La hauteur de telles tentures murales atteint facilement 3 mètres et correspondrait ainsi au format de la « tapisserie du trône » de Paris. Cette observation rend plausible notre hypothèse de la fonction d'autrefois, qui, malgré les dimensions monumentales de 3 mètres sur 3, aurait pu servir de dossier de trône.

33 + M 10 Jean Fouquet, *Lit de justice* de Vendôme, de : Boccace, *De cas des nobles hommes et femmes*, environ 1459–1460. München, Bayerische Staatsbibliothek, cod.Gall.6, fol. 2v.

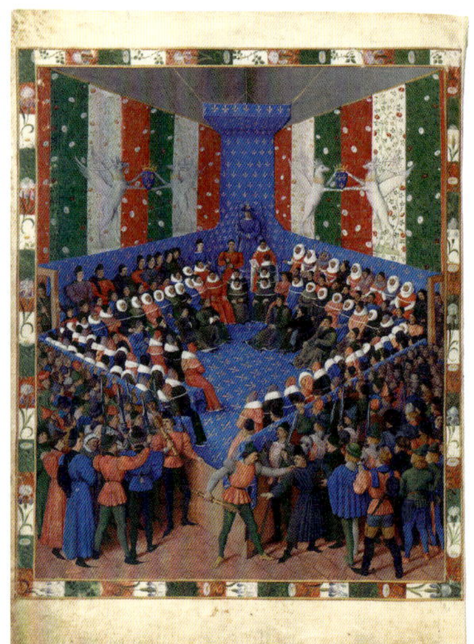

La richesse des détails n'empêche pas que l'image en pleine-page frappe par la clarté de sa composition et par sa force expressive. L'observateur de la scène se trouve à l'extérieur des cages de bois, parmi les spectateurs et les gardiens chargés de la surveillance. En appliquant le principe du double point de fuite, Jean Fouquet parvient à placer le lit de

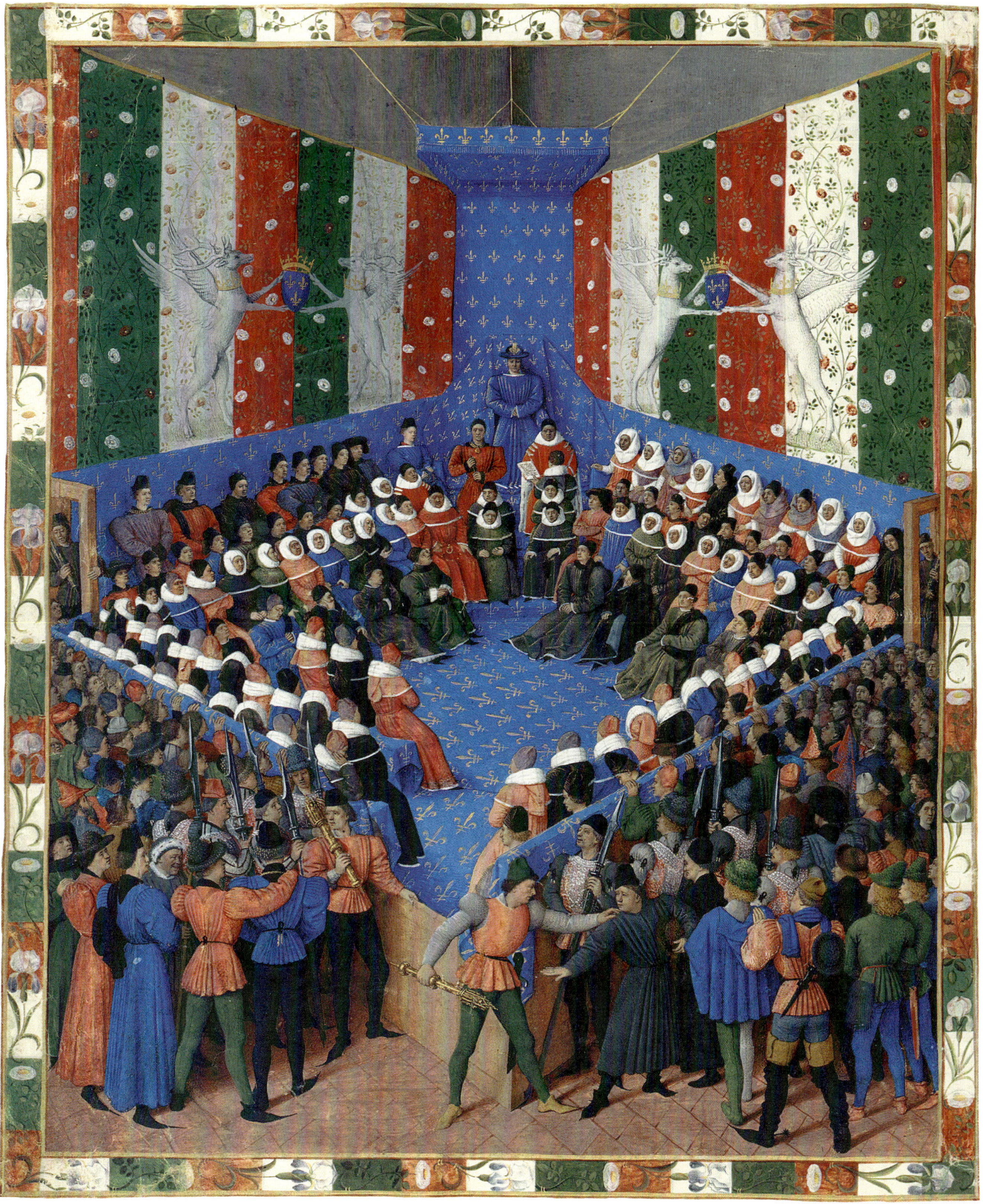

justice avec le roi en majesté sur un plan plus élevé que celui correspondant à la hauteur des yeux du témoin, tout en concentrant l'attention sur l'essentiel de la scène : le juge suprême et la lecture de l'acte d'accusation.

Les courtisans de Charles VII – Loyauté et mécénat

La situation financière de Charles VII demeura précaire pendant tout son règne. À cause des dépenses qu'entraînaient ses guerres continuelles, Charles VII dépendait en tout point de la bonne grâce de ses sujets. Vers la fin de la guerre de Cent Ans, une note datée du 5 juillet 1453 témoigne des procédés sans scrupule qui avaient cours pour financer les campagnes militaires: Ainsi Jean Dauvet, officier et procurateur témoigne qu'il avait reçu l'ordre d'inspecter avec le marchand Jean de Neufbourg, le joailler royal Gilbert, Jean Boudenier et d'autres changeurs de monnaie de Tours, les caves à sel où étaient déposés les bijoux en or confisqués à Jacques Cœur. Ils avaient la charge de décider quels bijoux devaient être transformés en monnaie et lesquels pouvaient être épargnés comme par exemple la perle baroque sur une monture en forme de jeune mauresque.[160] C'est ainsi que fut financée la deuxième expédition de Guyenne.

Jacques Cœur (1395–1456)

Grâce au commerce de la pelleterie, du drap et de la bourse, Jacques Cœur avait accumulé à Bourges des richesses considérables, ce qui l'avait amené à accomplir au service du roi les fonctions très considérées de trésorier et argentier.[161] L'institution de l'argenterie fonctionnait comme une entreprise de logistique moderne procurant à la cour en constant déplacement, non seulement les couverts et la vaisselle en argent, mais aussi tout l'équipement dont elle pouvait avoir besoin : des vivres, du mobilier, des étoffes, des chevaux, des armes et des armures. Selon sa devise *à cuer vaillans riens impossible,* Jacques Cœur réalisait le moindre désir royal, quelqu'extravagant il pouvait être.

Possédant une flotte privée, il se mit en quête à partir de 1432 d'entreprises commerciales toujours plus lucratives à travers la Méditerranée jusqu'en Orient pour aboutir à des revenus encore plus importants. **[M 11]** En 1446, il fut même membre de la très renommée guilde florentine des marchands de soie (*arte della seta*). Sans cesse plus avide de profits, Jacques Cœur se mit peu à peu à confondre ses intérêts privés avec ceux de la cour. Homme le plus riche de France, il prêtait régulièrement au roi les fonds dont il avait besoin lors de ses crises financières. Lorsque Charles se prit à combler de cadeaux sa maîtresse Agnès Sorel, lui offrant châteaux et bijoux, ses dettes s'accumulèrent dangereusement. Aussi en 1451 furent prises des mesures draconiennes: Jacques Cœur fut arrêté, accusé de fraude, d'abus du sceau royal et même d'avoir empoisonné la favorite du roi ; bien que

M 11 Navire marchand de la flotte de Jacques Cœur, relief. Bourges, Palais Jacques Cœur, chambre des Galées.

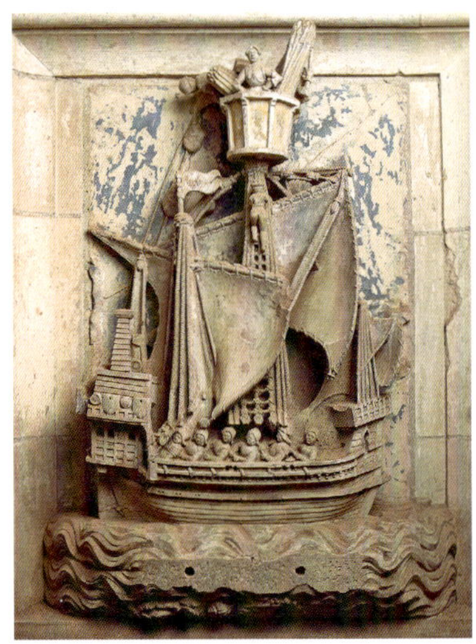

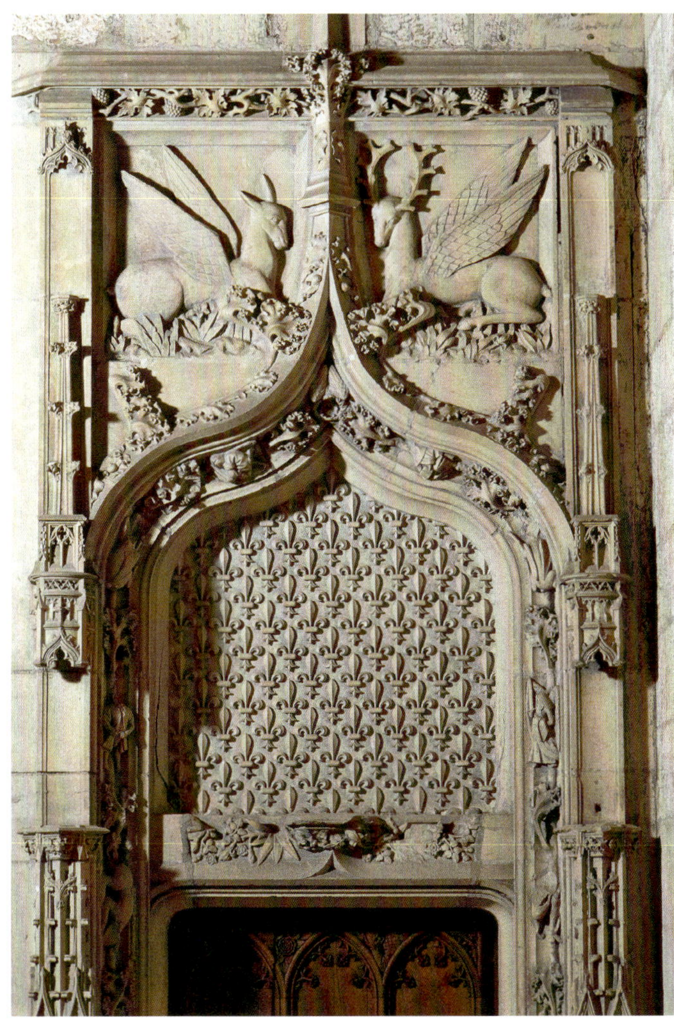

34 Linteau de la porte aux Cerfs volants et aux fleurs de lys. Bourges, Palais Jacques Cœur, salle des Festins.

ce dernier chef d'accusation dut assez vite être abandonné, faute de preuves. Jacques Cœur à peine arrêté et avant même le début de son procès, le roi fit confisquer les biens de son ancien favori. Trois ans plus tard Jacques Cœur réussit à s'échapper de sa prison de Poitiers et à s'enfuir en Italie où, en tant que membre de la flotte papale, il jouissait de la protection du pape Nicolas V. Peu après son séjour à Rome et en plein préparatifs d'une croisade contre les turcs, Jacques Cœur perdit la vie en 1456 sur l'île grecque de Chios où il avait installé un de ses importants comptoirs commerciaux.

Ses contemporains ont monté en épingle l'ascension rapide et la chute brutale de Jacques Cœur comme un cas exemplaire. Mathieu d'Escouchy s'est référé à l'image de la déesse Fortune, qui tourne bien vite le dos à celui qui a atteint le pinacle, tandis que le chroniqueur de la cour de Bourgogne, George Chastellain, a choisi d'immortaliser ce destin tragique par un poème.[162]

Charles VII pouvait observer de près les multiples activités de son courtisan, Jacques Cœur, commanditaire au goût artistique avéré. Entre 1443 et 1451, le grand argentier fit construire son palais personnel à Bourges, en prévision de sa vieillesse. À la hauteur du balcon de la façade principale, il fit placer une sculpture plus grande que nature de Charles VII en cavalier, destiné à célébrer la reconquête de la France.[163] Les emblèmes de la royauté se prolongeaient sur les façades latérales orientées vers la cour. Deux anges tenaient un écusson aux fleurs de lys, un autre messager céleste planait à la hauteur du toit une couronne à la main, et dans la partie centrale au-dessus des toitures apparaissait saint Michel combattant le dragon. Partout se glissaient les emblèmes de Jacques Cœur, coquillages et décorations en forme de cœur. Le décor de la grande salle était entièrement dédié à la gloire du roi. La cheminée du mur sud était ornée de roses et d'iris en relief et, dans le tympan situé au-dessus de la porte, on pouvait admirer outre les fleurs de lys, deux cerfs volants, un cerf et une biche.[164] **[34]** Les vitraux aux couleurs somptueuses représentaient les « Douze pairs de France » et l' « Onction de Charles VII » pendant son sacre à Reims. Si Jacques Cœur rendait officiellement hommage à son roi par ce décor architectural impressionnant, la juxtaposition de ses propres armoiries avec les emblèmes royaux laissait toutefois entendre, qu'il tenait à rappeler son propre rôle dans la renommée glorieuse de Charles VII.[165]

On doit à un rapport d'ambassadeur florentin daté de 1461 l'information que Jacques Cœur avait possédé « une très belle collection de tableaux de maîtres fameux ».[166] Parmi ses trésors, figurait aussi une importante série de tapisseries (entre autres cinq tentures d'une « chambre » avec des fleurs de lys et des cerfs volants) dont le roi s'empara après la destitution de son argentier.[167] Le procureur Dauvet tenta de vendre aux enchères quinze tapisseries flamandes de différents formats ainsi que plusieurs chambres de tapisserie.[168] Mais au prix d'une estimation à 1'465 ¼ *écus d'or,* il ne trouva pas preneur. En conséquence de quoi les tapisseries passèrent en possession du roi, sans qu'il ait à débourser quoi que ce soit. Grâce à l'inventaire détaillé d'un certain Guillot Trépant, nous possédons une description complète du lot de tentures qui vinrent ainsi enrichir la collection royale.

Arthur de Richemont (1393–1458) et la bataille de Formigny

Le nom d'Arthur de Richemont, fils du duc de Bretagne, dérive du duché anglais Richmond, dont il avait en principe le droit de réclamer la possession.[169] Il combattit très jeune déjà aux côtés du duc de Bourgogne et il fut emprisonné par les Anglais de 1415 à 1420 après la bataille d'Azincourt. Trois ans plus tard, il épousa Marguerite de Bourgogne, la fille de Jean sans Peur. En 1425, Charles VII le nomma connétable, c'est-à-dire général en chef de l'armée. À la cour royale de Bourges, il était le protégé de Yolande d'Aragon. Mais lorsque son frère, le duc Jean V de Bretagne, conclut une alliance avec les Anglais, Arthur de Richemont serait tombé en disgrâce, si Yolande ne l'avait remis dans les bonnes grâces du roi. Avec Jeanne d'Arc et Jean Dunois à ses côtés, Richemont mena les troupes françaises contre l'ennemi anglais et lors de la conférence de paix de 1435 en l'abbaye Saint-Vaast à Arras, Richemont joua un rôle important en tant que délégué du roi dans la conclusion du traité négocié entre la Bourgogne et la France.

Dans les années qui suivirent, c'est lui encore qui bouta les Anglais hors de la Normandie et de la Guyenne. Avant de remporter sur eux un triomphe définitif à la bataille de Formigny le 15 avril 1450, c'est également sur son initiative que furent mises en place la réforme de l'armée et la fondation de la « Compagnie d'Ordonnance », précurseur de la gendarmerie française.

Immédiatement après la bataille mémorable de Formigny lors de laquelle les Anglais furent battus près de Bayeux, six tentures murales (et un *banquier*) furent commandés pour commémorer la victoire.[170] Un inventaire des collections royales du château d'Amboise datant de 1494 enregistre ces tapisseries, dont la dernière présentation est attestée en 1501 au château de Blois.[171] Le fait, que ces tapisseries aient appartenu jusqu'au XVIe siècle aux collections des rois de France, pourrait indiquer que selon une toute vraisemblance Charles VII lui-même en ait été le commanditaire.

Malheureusement ne subsistent de cette série monumentale que quatre dessins à l'encre de Chine datées de 1621 et signées par un certain Gobert, menuisier de cour à Fontainebleau.[172] **[35+36]**

Deux des dessins témoignent d'épisodes qui se sont déroulées juste après la victoire de Formigny. Le connétable de Richemont reconnaissable aux emblèmes figurant sur son étendard et sur la chabraque de son cheval, en occupe le centre.[173] Dans la première scène (fol.40), Richemont

35+36 « Bataille de Formigny », d'après un projet de Jean Fouquet (?). Dessin à l'encre (1621). Paris, Bibliothèque nationale de France, dép. des manuscrits, NAF 5174, fol. 40 et fol. 41.

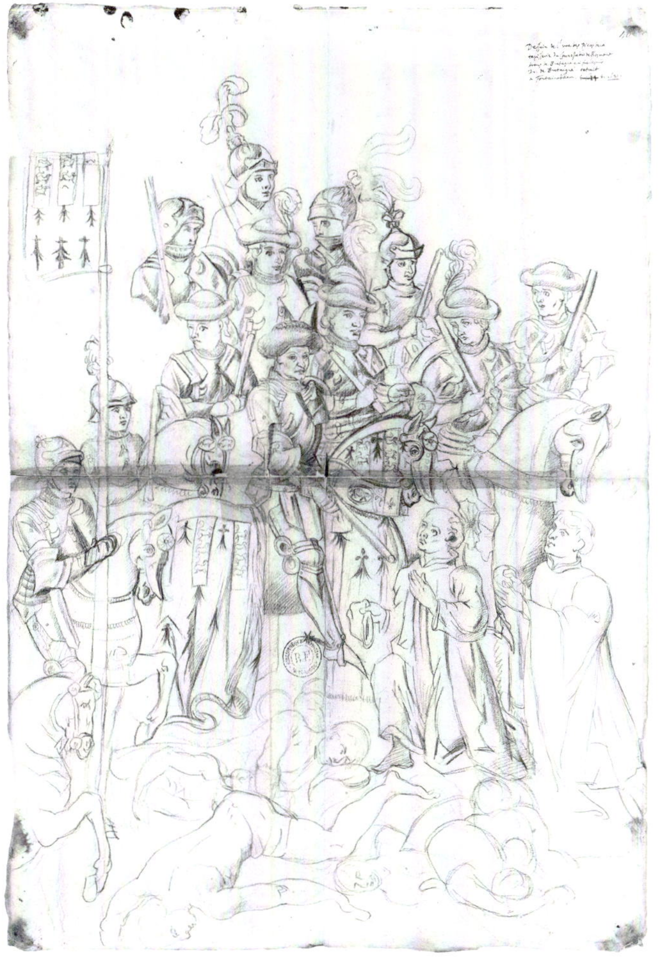

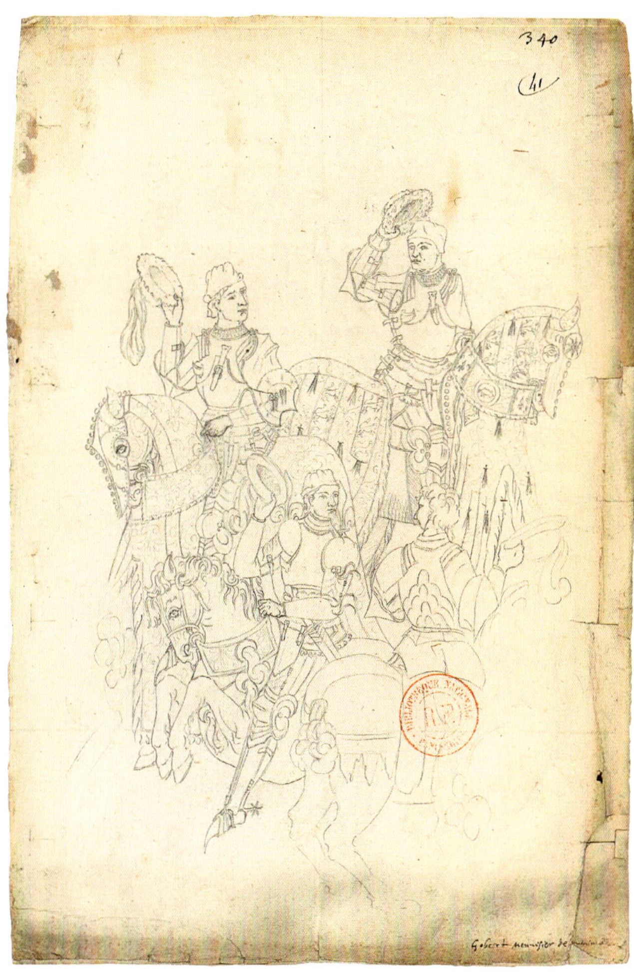

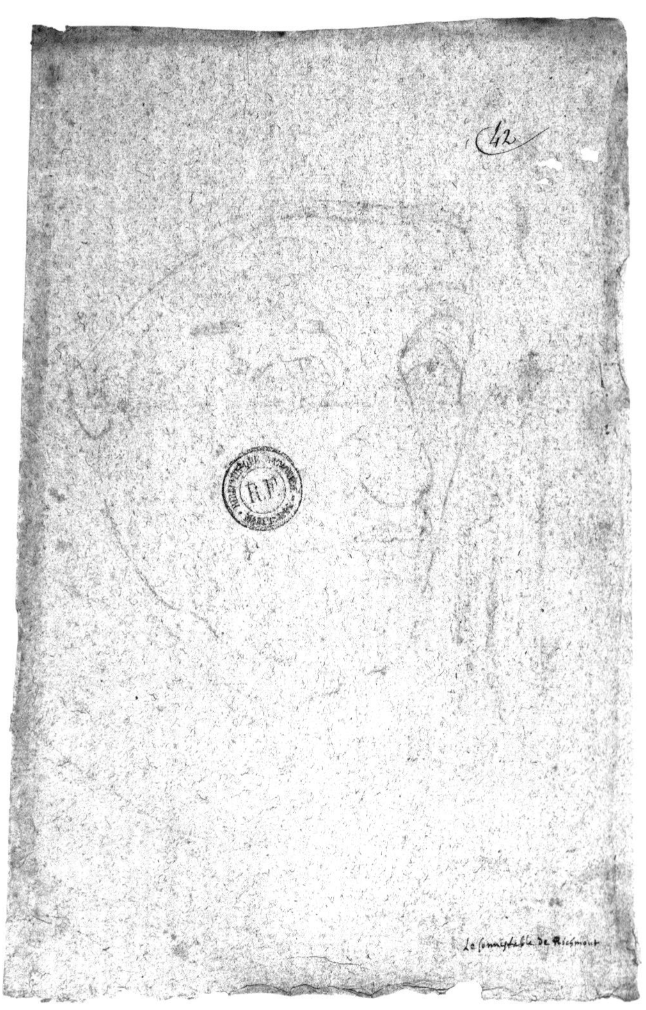

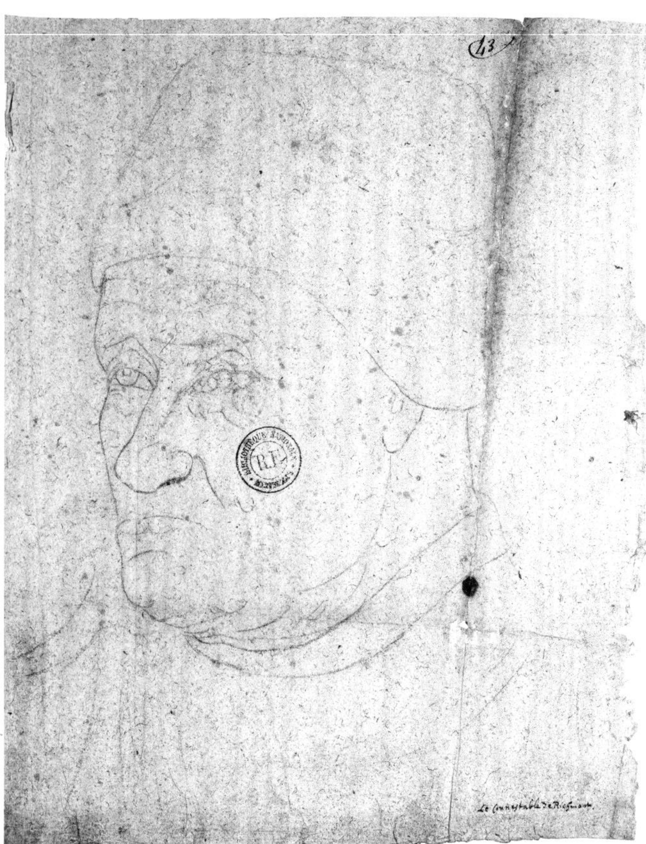

37 + 38 Etude de têtes d'homme tirée de la « Bataille de Formigny », d'après un projet de Jean Fouquet (?). Dessin à l'encre (1621). Paris, Bibliothèque nationale de France, dép. des manuscrits, NAF 5174, fol. 42 et fol. 43.

à cheval donne l'ordre à deux hommes agenouillés devant lui, un gentilhomme et un clerc, d'enterrer les morts entassés au premier plan. Sur la deuxième feuille (fol.41), Richemont prend congé de ses compagnons de combat ; les hommes rassemblent leurs chevaux et le saluent en soulevant leurs chapeaux. Sur chacune des deux feuilles supplémentaires (fol.42 et fol. 43) **[37+38]**, figure une étude de tête masculine. On peut supposer que le copiste les a ajoutées probablement pour attirer l'attention sur la haute qualité des tapisseries, étant convaincu qu'avec des dessins de relativement petite taille il n'arriverait pas à faire justice aux modèles. La plupart des spécialistes est d'avis que la virtuosité avec laquelle ces deux portraits ont été exécutés révèle la main d'un artiste confirmé de l'envergure de Jean Fouquet. Si cette hypothèse s'avérait exacte, nous aurions là un aperçu de l'activité de Fouquet comme « cartonnier », dont nous avons connaissance par les sources écrites. Il avait, d'après elles, la réputation d'être non seulement un fameux portraitiste, mais aussi de maîtriser l'art du dessin avec virtuosité tout autant que les dons d'enlumineur, d'émailleur et de décorateur.

Jean Jouvenel des Ursins (1388–1473)

La puissante famille Jouvenel des Ursins jouissait déjà d'une grande influence dans l'entourage de Charles VII alors qu'il n'était que dauphin et résidait à Bourges. Des neuf fils de Jean Jouvenel des Ursins et Michelle de Vitry, presque tous étaient au service du roi.[174] Les deux membres les plus éminents de la famille Jean et Guillaume méritent une mention spéciale.

Après des études de droit, Jean fut accrédité en 1429 comme avocat au parlement de Poitiers ; trois ans plus tard il fut élu évêque de Beauvais, en 1444 évêque de Laon et en 1449 archevêque de Reims. Parmi ses nombreuses publications politiques, il faut citer son « Histoire de Charles VII », surtout en relation avec les « Grandes Chroniques de France ». Ses écrits émaillés d'avertissements et même de remontrances

39 Jean Fouquet, Portrait de Guillaume Jouvenel des Ursins, pastel, entre 1460 et 1465. Berlin, Staatliche Museen, Kupferstichkabinett.

40 Jean Fouquet, Portrait de Guillaume Jouvenel des Ursins (volet gauche d'un diptyque), entre 1460 et 1465. Paris, Musée du Louvre.

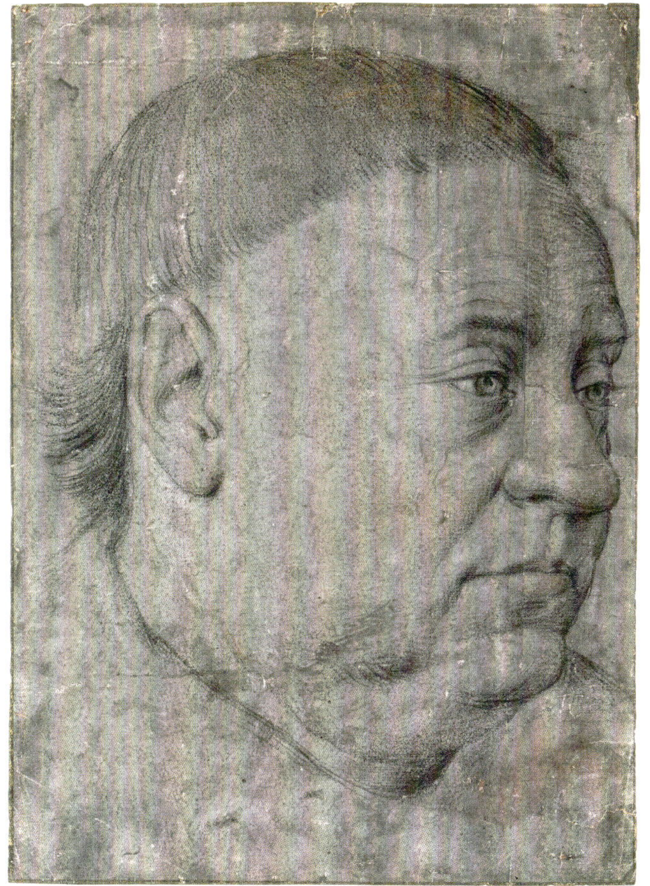

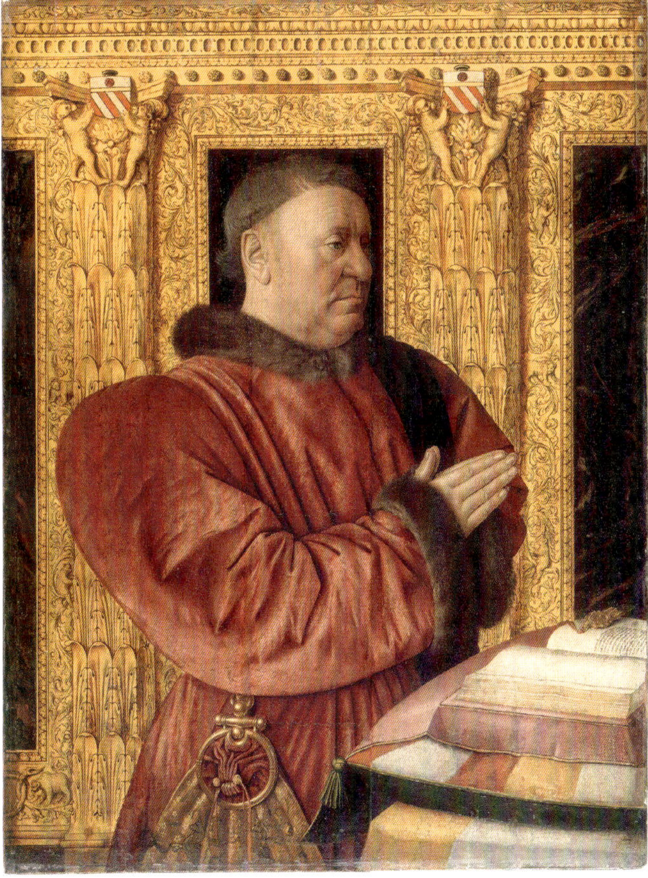

ne ménageaient pas les critiques à l'égard du roi. Par exemple il l'exhortait à mieux remplir ses devoirs de souverain en relisant les « Chroniques de France », de telle sorte qu'il puisse mesurer la grandeur et les prouesses de ses prédécesseurs et apprendre comment ceux-ci avaient su donner du courage au peuple.[175] Ailleurs, Jouvenel reprochait au roi de rester enfermé dans ses châteaux au lieu de se montrer dans les villes pour que le peuple puisse profiter de sa présence.[176]

Comme pour fournir un jugement plus favorable sur le roi, le même Jean Jouvenel des Ursins relate les sensations du seigneur de Talbot, témoin oculaire en admiration devant Charles VII lors de sa joyeuse entrée dans Rouen : *J'ay ouy dire et reciter que quant vous fiste vostre entrée à Rouen que ce vaillant chevalier le seigneur de Talbot estoit à une fenêtre et vit vostre compaignie, et luy demanda l'en se ilz estoient bien habillés et armés, et il respondit que de leur parements ne tenoit-il compte, et que le n'estoit que donner courage et appetit à ceulx qui les combateroient de gaigner, mais il prisoit fort vostre personne, en disant que il aymeroit mieulx estre en vostre compaignie à combattre ennemies à dix mil combatants, que avec ung autre chief à XX mil.*[177]

Guillaume Jouvenel des Ursins (1401–1472)

En 1423, avant même son frère aîné Jean, Guillaume entra comme conseiller au parlement de Poitiers. En 1445, Charles VII le nomma chancelier de France pour honorer ses mérites de commandant militaire et de financier de la guerre. Ce fut l'occasion pour son frère Jean de rédiger le *Traité des devoirs et prérogatives du chancelier,* dans le but de permettre à Guillaume de remplir sa nouvelle fonction avec plus d'efficacité.[178] Comme chancelier, c'est lui qui présida le procès de la « Praguerie » qui se tint en 1458 à Vendôme contre le duc Jean d'Alençon.[179]

Le portrait de Guillaume Jouvenel des Ursins par Jean Fouquet est bien connu. **[39+40]** Outre le dessin préparatoire conservé à Berlin, seul un volet du diptyque original se trouve au Louvre.[180] On peut également voir dans les collections du Louvre une tapisserie héraldique avec les emblèmes des Jouvenel des Ursins, laquelle a dû sans doute appartenir à un membre plus jeune de la famille. Sur un fond de couleurs héraldiques blanc et rouge parsemé de fleurs, d'écussons et d'initiales (?) sont représentés devant des arbres deux ours dressés, avec des chaînes au cou et aux pieds.[181] **[M 12]**

M 12 Tapisserie héraldique de la famille des Jouvenel des Ursins, détail, entre 1480 et 1490. Paris, Musée du Louvre.

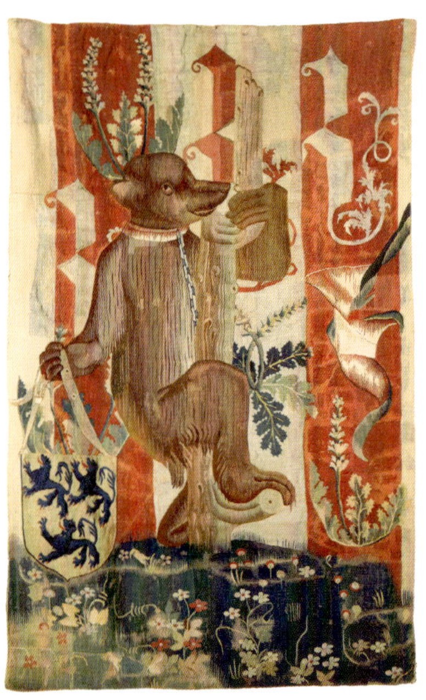

Dreux Budé (avant 1399 – avant 1476)

A partir de 1439, Dreux Budé entra aux services du roi où il rejoignit son père, Jean Budé, et remplit à ses côtés la même charge de notaire et secrétaire. L'un et l'autre sont régulièrement mentionnés dans les actes de la chambre des comptes des années 1440 à 1447. Alors que nous n'avons aucune trace des documents originaux, nous en possédons heureusement une copie établie au XVIIe siècle par Georges Galland.[182]

Après avoir été responsable de la commande du deuxième *sceau de majesté* chez l'orfèvre et graveur Guillaume de May à Paris et de la confection d'un étui spécial pour le conserver, Dreux Budé devint *garde du scel* (sceau) royal en 1450 et fut, à la même époque, nommé prévôt des marchands de Paris, rang correspondant à celui de préfet ou de maire.[183] **[12 + M 2, p. 24]** Après la mort de Charles VII, Dreux Budé resta en fonction sous Louis XI.[184]

Par ailleurs, le nom de Dreux Budé est connu dans l'art de l'enluminure et de la peinture du milieu du XVe siècle. Charles Sterling (1990) appela le peintre anonyme d'un retable – probablement commandé par Dreux Budé et exécuté dans la technique de la grisaille – « Maître de Dreux Budé ». L'œuvre du maître de Dreux Budé a été considéra-

41 Jean Fouquet, Etienne Chevalier et saint Etienne, (volet gauche de l'« Autel de Melun »), entre 1452 et 1455. Berlin, Staatliche Museen (Gemäldegalerie).

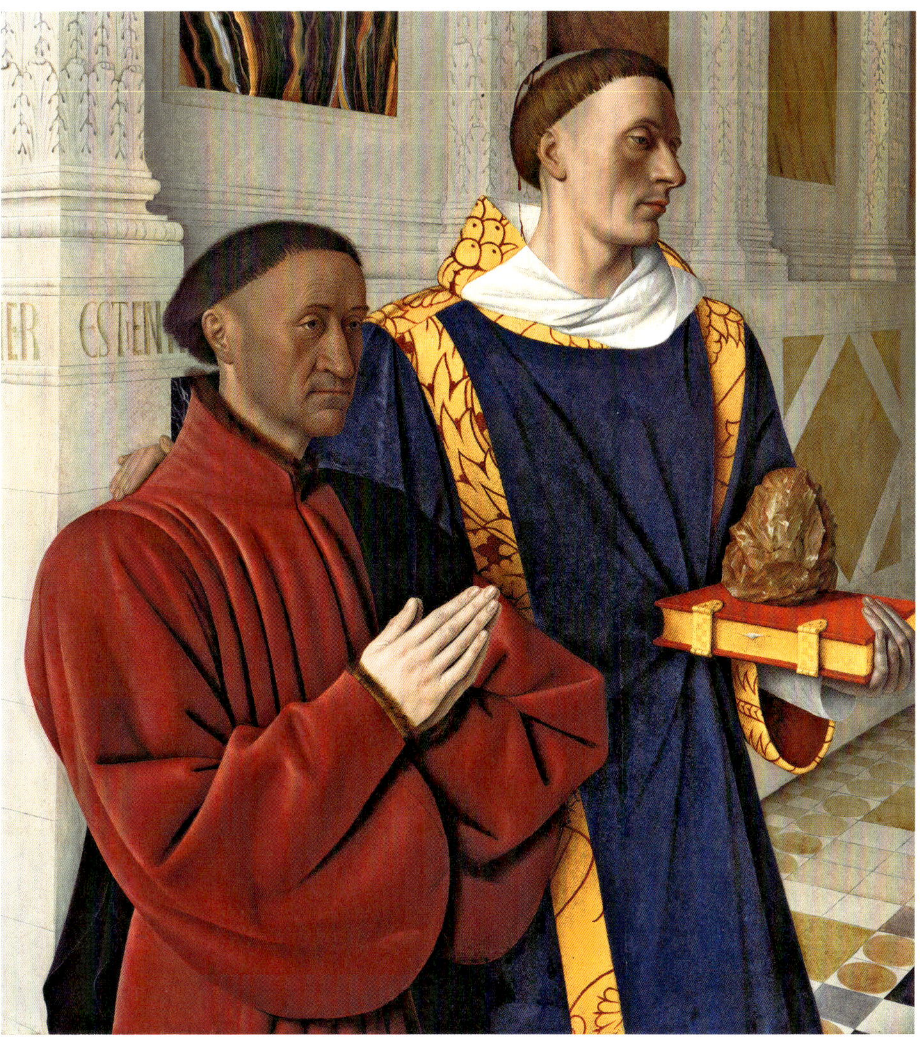

blement étendue par Nicole Reynaud, qui a attribué divers manuscrits à ce peintre anonyme.[185]

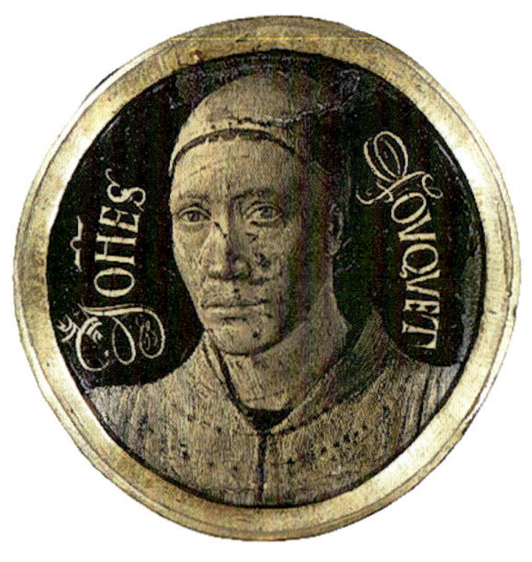

M 13 Jean Fouquet, Autoportrait, médaillon émaillé, Paris, Musée du Louvre.

Etienne Chevalier (1410–1474)

Etienne Chevalier, le futur gendre de Dreux Budé, commença sa carrière en 1426 chez le connétable Arthur de Richemont dont il fut le secrétaire et le maître de la chambre aux deniers. En 1442, il passa au service du roi auquel il dut de suite prêter 1100 livres de Tours. Il succéda en 1452 à Jacques Cœur après la disgrâce de ce dernier et se fit également un nom comme exécuteur testamentaire, d'abord d'Agnès Sorel et plus tard du roi lui-même.

En commandant après 1448 le « Livre d'Heures » enluminé par Jean Fouquet, Etienne Chevalier donnait une preuve supplémentaire de sa loyauté envers le roi par l'iconographie inhabituelle de « l'Adoration des Mages » . **[25, p. 51]** Balthasar, le plus vieux des trois sages

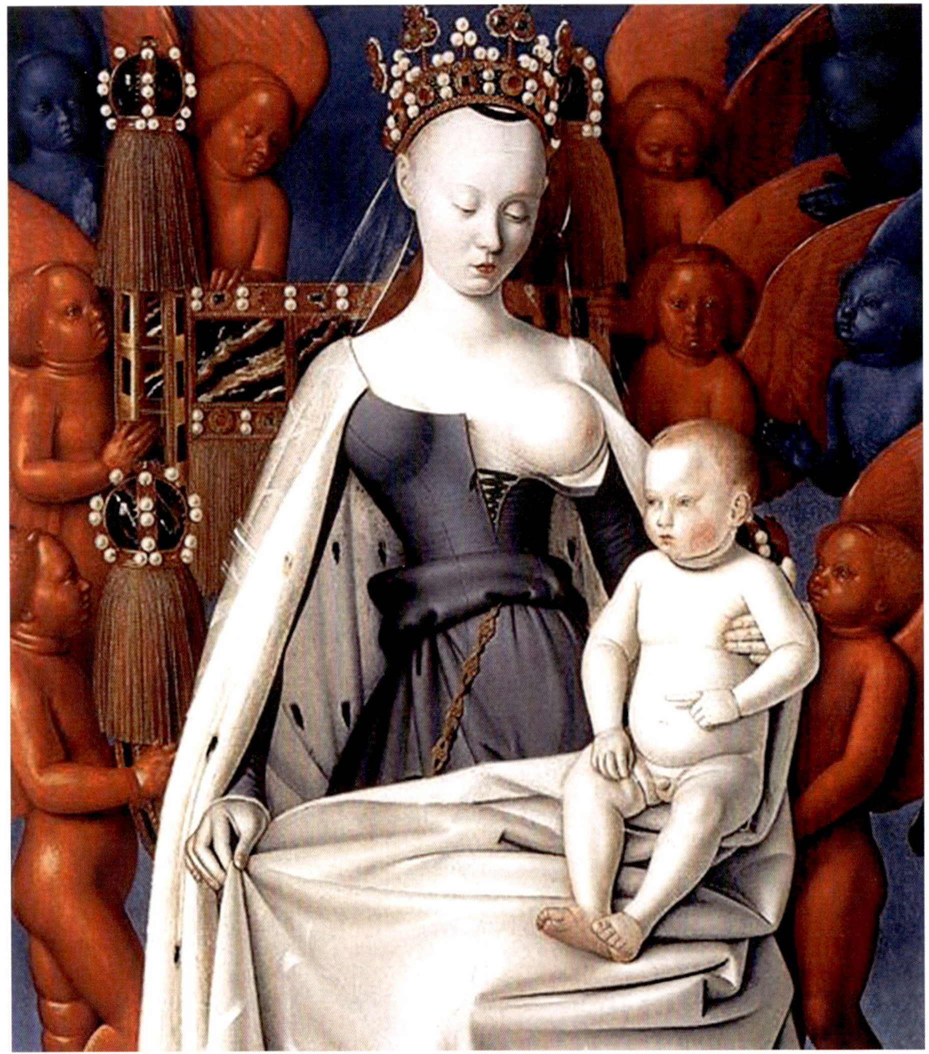

42 Jean Fouquet, La Vierge à l'Enfant (volet droit de l'« Autel de Melun »), entre 1452 et 1455, Anvers, Koniklijk Museum voor Schone Kunsten.

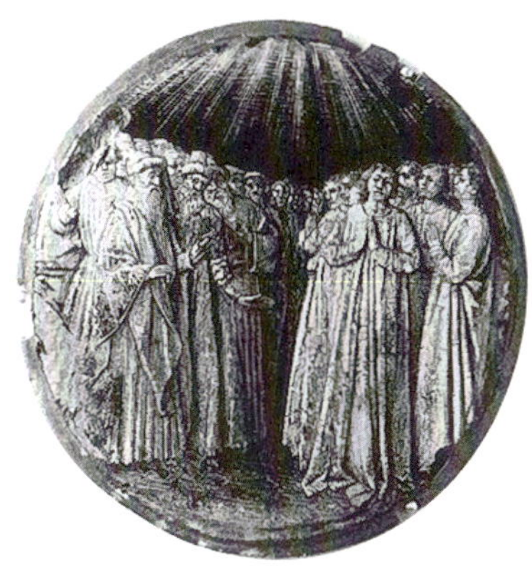

M 14 Jean Fouquet, « L'élection des diacres parmi les croyants éclairés », médaillon émaillé. Berlin, Kunstgewerbemuseum (Schloss Köpenick, disparu pendant la Seconde guerre mondiale).

venus d'Orient, était représenté sous les traits (et portait les habits) de Charles VII, tandis que les deux plus jeunes, Melchior et Gaspard, avaient l'aspect de ses fils, le dauphin Louis et Charles de France. Cette transposition iconographique exceptionnelle n'est pas sans évoquer une coutume de la maison royale : en effet pour célébrer l'Epiphanie le roi de France avait l'habitude de faire un pèlerinage annuel dans une église de son choix, afin d' y présenter des offrandes.[186]

Sur le diptyque dit de Melun, Etienne Chevalier s'est fait représenter comme le donateur agenouillé à côté de saint Etienne dont il porte le nom ; ce volet de gauche se trouve aujourd'hui à Berlin. **[41]** Dans sa pose de dévotion, le donateur est tourné vers la madone qui figure sur l'autre volet du diptyque (aujourd'hui à Anvers) ; celle-ci est représentée en reine céleste assise sur un trône orné de glands dorés, de perles et d'incrustations d'onyx et de jaspe.[187] **[42]** La madone ajuste soigneusement les plis de son manteau blanc doublé d'hermine autour de ses genoux sur lesquels est assis l'enfant Jésus. Son corselet gris-bleu aux lacets relâchés est entrebaillé laissant apercevoir un sein blanc en forme de boule blanche. Coiffée d'une lourde couronne d'or la madone a le regard baissé comme perdue dans ses pensées sans chercher un contact visuel avec l'enfant ou pressentir les douleurs de la Passion future. Des angelots nus à la peau rouge et bleu, les chérubins et séraphins, se pressent en grand nombre autour du trône, de telle sorte que la tonalité du panneau est dominée par des couleurs bleu/blanc/rouge. L'inscription qui figure au revers du volet signé par un certain Gautier, avocat, et daté de 1775, a fait longtemps circuler la rumeur improbable que le visage de la Vierge de Melun avait les traits d'Agnès Sorel.[188]

43 Jean Fouquet, rondel au monogramme « LG » (Laurent Girard), vitrail, environ 1460. Paris, Musée national du Moyen Âge.

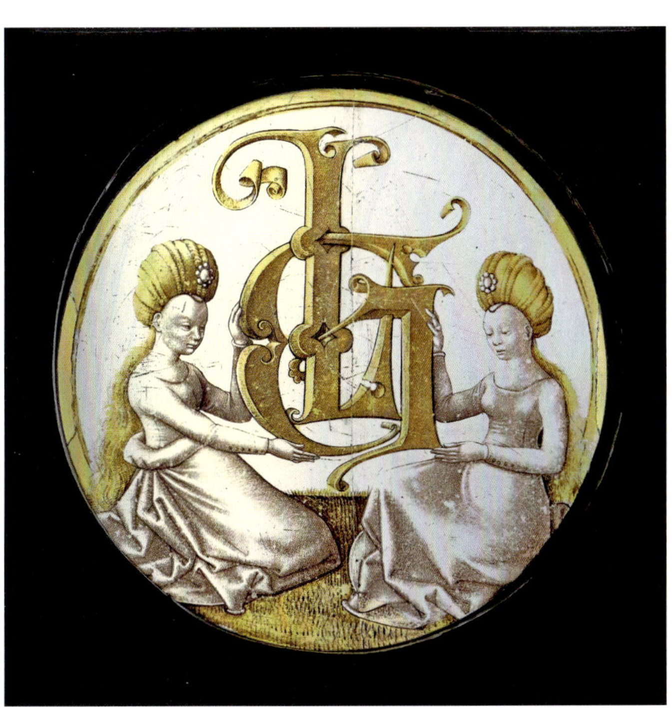

Grâce aux descriptions historiques minutieuses qui nous sont parvenus de l'encadrement original du diptyque, nous savons qu'il était gainé de velours bleu, et que le médaillon émaillé d'or avec l'autoportrait de Jean Fouquet conservé au Louvre ainsi qu'un second médaillon aujourd'hui disparu (autrefois à Berlin, Kunstgewerbemuseum Köpenick) en constituaient des éléments originaux.[189] **[M 13 + M 14]**

Laurent Girard

De Laurent Girard (ou Gyrard), gendre d'Etienne Chevalier, qui a succédé à son beau-père dans la charge de trésorier de France, nous connaissons deux commandes exécutées par Jean Fouquet : Le Boccace de Munich produit autour de 1458 et un disque en verre qui porte son monogramme « LG » conservé au Musée du Moyen Âge de Paris.[190] **[43]** Le sujet profane de celui-ci présente deux jeunes filles en habits de cour qui effleurent d'un geste délicat les deux initiales travaillées en or. Fait digne d'intérêt, ces figures féminines sont stylistiquement très proches aussi bien de la madone de Melun que des deux anges de la tapisserie du trône.

En comparant les biographies des courtisans qui commanditèrent ces nombreuses œuvres à la gloire du roi, on pourrait se demander, quels étaient leurs vrais motifs, pourquoi Jacques Cœur fit orner son palais de Bourges d'emblèmes royaux, pourquoi Etienne Chevalier fit figurer Charles VII dans son « Livre d'Heures » comme l'un des Rois mages et pourquoi finalement Laurent Girard choisit comme exemple de la justice royale le procès en trahison de Vendôme très discuté à l'époque ? Les exemples sont trop dissemblables pour être réduits uniquement à des rivalités entre factions de courtisans cherchant à obtenir les faveurs du roi.

La banderole principale de la tapisserie aux « Cerfs volants » de Rouen met l'accent sur l'obligation faite à chaque Français de se montrer loyal envers l'emblème royal. De la même manière, on serait tenté de voir avant tout dans les commandes fort diverses des courtisans de Charles VII une manière irréfutable de prouver leur loyauté.

Le goût de Charles VII pour les arts

Malgré un accès à la culture et aux arts facilité par les privilèges dus à sa naissance, les incursions de Charles VII dans le domaine du mécénat ont été visiblement moins importantes que celles de ses courtisans. Toutefois tant à la cour angevine de sa fiancée qu'à celle du duché de Berry où il avait hérité d'une importante bibliothèque, il s'adonna très jeune à la bibliophilie.[191] Vers la fin de sa vie, il se montra même particulièrement fasciné par l'art de la typographie venu d'Allemagne.[192] Bon latiniste, il appréciait avant tout les ouvrages d'histoire et ceux traitant de technique, de médecine ou de la science des armes.[193]

En revanche, ses entreprises de bâtisseur sont relativement modestes et se limitent à quelques réparations et restructurations effectuées dans ses châteaux. Il s'intéressait davantage, semble-t-il, à la construction de monuments funéraires, comme le montre la commande confiée à Jean Morant de terminer le tombeau de son oncle, le duc Jean de Berry, à Bourges, et à Jean de Cambrai, Etienne Bobillet et Paul Mosselmann d'édifier celui de sa favorite Agnès Sorel à Loches.

Pendant toutes ses campagnes militaires et en raison de ses changements continuels de résidence, Charles ne jouit jamais du calme qui lui aurait permis de cultiver les arts selon son désir. Cependant, dès la conclusion de la paix avec les Anglais, il entama sous la conduite de Jean Aubery, maître d'œuvre, une intense activité de construction, en particulier au château de Mehun-sur-Yèvre, pour lequel il avait une nette préférence.[194]

Son point de départ

Son origine de sang royal aurait pu représenter la meilleure des conditions pour induire le jeune Charles à développer sa connaissance et son penchant pour les arts. Depuis sa naissance il ne manqua pas d'occasions de se former l'œil et de cultiver son goût. Il est vrai que sa présence à la cour de ses parents à Paris fut de relative courte durée, mais néanmoins il dut certainement se rendre compte de leur intérêt pour la culture et les arts. Il put vraisemblablement observer les tapisseries monumentales qui ornaient la demeure paternelle, par exemple les cinq tentures ayant pour thème les « Neuf Preuses ».[195] Pendant iconographique des « Neuf Preux », la ronde de ces héroïnes se compose d'amazones et d'autres personnages de l'antiquité grecque et romaine, de figures de l'Ancien Testament et même de saintes chrétiennes. Dans la collection de tapisseries de Charles VI se trouvaient des pièces illustrant de nombreux thèmes héroïques : une tapisserie monumentale présentait les « Faits d' Héraclès », héros mythologique admiré à l'époque ; deux tentures racontaient l'histoire de l'empereur romain « Octavien » ; cinq autres représentaient les « Tournois de Saint-Denis et de Saint-Inglevert près de Boulogne » et finalement une tapisserie mettait en scène la fameuse « Bataille des Trente ».

Son père avait hérité en 1380, de son grand-père Charles V, une collection de 3906 objets d'art, qu'il avait lui-même augmentée surtout pendant la première moitié de son règne. Outre les manuscrits enluminés, il aimait spécialement les bijoux raffinés, les beaux tissus et les vêtements extravagants. Doté d'un naturel généreux, il offrait des cadeaux précieux aussi bien aux membres de sa famille, qu'à ses courtisans, ses hôtes et ses alliés. Les couvents et les églises profitaient également de ses dons. La donation la plus stupéfiante de Charles VI fut celle d'un calice en or au couvent Sainte-Catherine du Mont-Sinaï. Sous son égide, l'architecture, tant à Paris qu'à Vincennes, reçut une impulsion décisive qui marqua l'évolution du style gothique tardif ou flamboyant.[196] La reine Isabeau d'origine bavaroise ne le cédait en rien à son époux, elle aussi aimait la splendeur des textiles et des bijoux. Pour les étrennes de l'an 1405, elle fit exécuter à l'intention de son mari le fameux « Goldenes Rössl » aujourd'hui conservé dans le Trésor de la Sainte-Chapelle à Altötting (Bavière).[197]

Un document atteste qu'Isabeau prit l'initiative de commander une tapisserie, dont la production ne dépassa jamais le stade du dessin. En 1399, elle avait demandé à l'artiste parisien Colart de Laon de lui présenter quatre patrons sur toile, mais déçue du résultat, elle renonça à son projet.[198]

À partir de 1413, moment des fiançailles de Charles VII avec Marie d'Anjou, Yolande d'Aragon se mit à « couver » son futur gendre. Elle l'emmenait tour à tour dans les multiples résidences de la famille d'Anjou à Angers, à Paris ou en Provence. Dans ce dernier lieu, il sympathisa avec son beau-frère René d'Anjou et il resta lié d'amitié avec lui pendant toute sa vie. Charles avait probablement une grande estime pour l'art des livres et les activités poétiques, et tenait en admiration la générosité de son beau-frère en tant que mécène.[199] Nous supposons que le roi René montra aussi à Charles son magnifique *Livre d'Heures des ducs d'Anjou* réalisé par le maître de Rohan contenant son portrait, **[44+M 15]** dont l'iconographie nouvelle aurait pu servir de modèle et influencer le roi plus tard au moment de l'exécution de son propre portrait à l'huile par Jean Fouquet.[200] **[17, p. 37]** En raison de ces circonstances, il se peut que Charles VII ait eu l'occasion d'admirer les tapisseries monumentales de « l'Apocalypse » d'Angers car, lors du

44 + M 15 Portrait du roi René, Maître de Rohan, *Livre d'Heures des ducs d'Anjou*, entre 1435 et 1436. Paris, Bibliothèque nationale de France, ms. lat. 1156A, fol.81ᵛ.

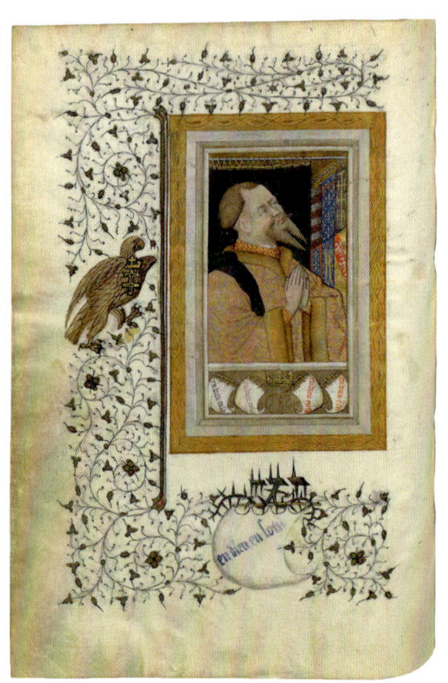

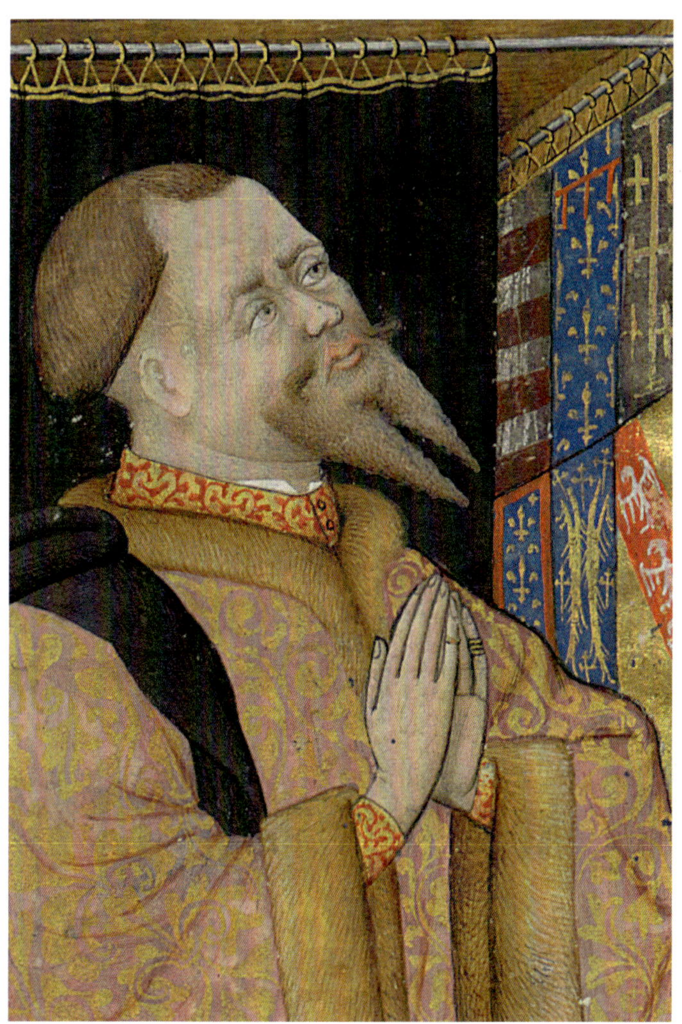

mariage de ses beaux-parents en décembre 1400 à Arles, celles-ci avaient été amenées d'Angers et suspendues sous des voiles de bateaux (*vela*), lesquelles avaient été tendues en guise d'auvent au-dessus de la cour d'entrée du palais épiscopal. Un citoyen arlésien, Bertrand Boysset s'exclama devant une telle splendeur : « Il n'existe nul homme qui pourrait ni écrire ni raconter avec des mots adéquats la valeur, la beauté et la noblesse de ces tentures. »[201] Après la mort de Louis II d'Anjou, l'Apocalypse resta en possession de sa veuve Yolande d'Aragon, qui en confia la garde à son fils René. Celui-ci s'occupa de ce précieux héritage avec la plus grande diligence, il fit laver les tapisseries en 1454 et les légua par testament à la cathédrale d'Angers.

Après le décès de son oncle le duc Jean de Berry en 1416 à Paris, l'ancien fief royal du Berry, échut par héritage à Charles VII et, lorsqu'il prit résidence dans le duché berruyer, il entra en possession, pour une partie, de richesses non négligeables, bien que les deux filles du duc, Bonne et Marie, aient joui du premier choix dans les biens meubles. Une quantité considérable d'objets précieux dans les arts de l'enluminure, de l'orfèvrerie et de la tapisserie avait été enregistrée dans le plus ancien inventaire mobilier, qui liste 1317 entrées.[202]

La Sainte-Chapelle de Bourges, achevée par le duc peu de temps avant sa mort, a dû représenter pour Charles VII un trésor d'un prix sans pareil.[203] Pour mettre en valeur ce joyau architectural une enluminure du *Livre d'Heures* d'Etienne Chevalier donne ainsi pour cadre à la scène de l'« Annonciation à la Vierge », la Sainte-Chapelle de Bourges.[204]

Ses propres initiatives

Durant son règne, Charles VII conféra le titre de « peintre du roy » successivement à plusieurs artistes. En 1423, c'est un certain Henry d'Aubresque qui occupa cette fonction pour avoir peint trois lances dans les couleurs bleu, blanc et rouge ;[205] puis ce fut Henri Mellein en 1431, Conrad Vulcop en 1445 et finalement Jacques de Littemont en

1451. Aucun de ces noms n'apparaît pourtant en relation avec un portrait ou un manuscrit enluminé comme c'est le cas, à maintes reprises, pour Jean Fouquet.[206]

Lorsqu'entre 1450 et 1455, Charles VII prit la décision de faire peindre son portrait, il ne fut pas le seul à choisir Jean Fouquet. Parmi la clientèle illustre de cet artiste éminent qui après des années de voyage en Italie était revenu depuis peu à Tours, se trouvaient de nombreux proches du roi comme l'archevêque Jean Bernard, le chancelier Guillaume Jouvenel des Ursins, le trésorier Etienne Chevalier, le connétable Arthur de Richemont et les deux courtisans Laurens Girard et Simon de Varye.[207] Jean Fouquet, qui était né entre 1415 et 1422 à Tours, s'était installé comme jeune peintre à Paris, avant de s'exiler de 1446 à 1448 en Italie ; il y subit l'influence des maîtres florentins qui œuvraient sous les Médicis : Masolino, Masaccio et Fra Angelico. De cette période date le portrait aujourd'hui disparu du pape Eugène IV. Le sculpteur et architecte Filarete avait vu cette toile peinte sur le vif au couvent des Dominicains de Santa Maria sopra Minerva à Rome et en a fait l'éloge dans son traité d'architecture (1461–1464).[208]

Le portrait de Charles VII conservé au Louvre se distingue par une présence forte et directe du modèle. [17, p. 37] Le souverain apparaît, le visage de trois-quarts, le buste quasiment de face, comme « tendu » dans le format presque carré du tableau. Cette impression est encore renforcée par les épaules rembourrées de son pourpoint qui suit la mode courtoise, provoquant un élargissement optique extrême et soulignant ainsi le caractère puissant du personnage. Tel est le parti adopté par Jean Fouquet pour mettre en valeur la majesté et la magnificence du roi. Le même schéma de composition restera valable jusqu'en 1527, date à laquelle Jean Clouet peignit le portrait de François Ier. Les teintes du manteau en velours rouge lie de vin garni de fourrure sur fond vert agrémenté d'un rideau blanc, évoquent les couleurs vert/blanc/rouge du blason de Charles VII. Contrairement aux portraits que Fouquet a exécuté de Guillaume Jouvenel des Ursins et d'Etienne Chevalier, tous deux représentés selon la forme traditionnelle, en donateur sur un volet de diptyque, celui de Charles VII est peint sur un panneau isolé. Dans la recherche actuelle sur l'image, le motif du rideau relevé est à l'origine des réflexions sur « le voilé et le dévoilé ». [209] À mon avis, le rideau pourrait être un indice du contexte architectural dans lequel prend place le portrait : un oratoire princier situé dans le chœur ou à proximité de l'autel.[210] Nous avons déjà mentionné plus haut les « Heures des Ducs d'Anjou » exécutées vers 1435–1436 par le maître de Rohan. Dans ce précieux manuscrit une page entière est dédiée au portrait en buste du roi René en oraison dans une situation analogue, séparé du chœur par des rideaux.[211] **[44+M 15]** L'attitude de Charles VII, les avant-bras posés sur un coussin de brocart et ses mains en prière, confirme cette impression. Le portrait que Jean Fouquet a peint de Charles VII, dans lequel il a su restituer l'expression si personnelle de son modèle et auquel il a ajouté une inscription de sa propre main, représente un exemple unique par son importance dans la peinture de ce genre au XVe siècle.

D'après une tradition assez peu fiable Jean Fouquet aurait déjà peint en 1440 un portrait de Charles VII et l'aurait pris avec lui à Rome, où Vasari en aurait fait l'éloge.[212] Une autre version de son portrait exécuté après l'expulsion des Anglais aurait été donnée par Charles lui-même à la chapelle royale des Vicaires de Saint-Martin de Tours ; l'inscription figurant sur le cadre était encore plus détaillée que celle du portrait du musée du Louvre.[213]

En huit ans seulement, de 1452 à 1460, Jean Fouquet réalisa outre le portrait de Charles VII, le diptyque d'Etienne Chevalier et son Livre d'Heures, le manuscrit de Boccace de Laurent Girard ainsi que les « Grandes Chroniques de France », probablement encore pour Charles VII, un tel *opus* qu'on reste stupéfait de la productivité du maître et de la diversité des sujets abordés et des techniques maîtrisées. À côté de ses nombreuses peintures, maintes esquisses préparatoires sont conservées, de sorte qu'on peut présupposer l'existence d'une œuvre graphique tout aussi importante.

Charles VII ne faisait pas exception dans ses choix artistiques, il était entouré de personnages au goût identique qui, grâce à leurs moyens financiers et politiques, était en mesure de s'assurer les services des meilleurs artistes de l'époque. De même que le diptyque d'Etienne Chevalier était destiné à la chapelle funéraire de sa femme Catherine Budé dans l'église Notre-Dame de Melun et celui de Guillaume Jouvenel des Ursins à la cathédrale Notre-Dame de Paris, le portrait de Charles VII avait probablement pour vocation de figurer dans la Sainte-Chapelle de Bourges.[214]

La collection de tapisseries de Charles VII – une hypothèse

La tradition historique

Au XVe siècle, qu'un prince montre ou non un attrait personnel pour l'art de la tapisserie, cela ne jouait toutefois qu'un rôle secondaire. Le décor mural mobile était en effet indispensable lorsqu'il s'agissait d'équiper les salles d'audiences du palais ainsi que – de façon éphémère – les fêtes, processions, joyeuses entrées, lits de justice et assemblées du chapitre de l'ordre. Leur besoin se faisait ressentir partout et, au même instant, il était énorme. Leur transport et leur montage étaient placés sous la responsabilité de valets de chambre spécialisés et de « gardes de la tapisserie ».[215] Il arrivait souvent que le stock des tapisseries disponibles ne suffise pas à couvrir les besoins du moment. Aussi lors d'évènements organisés à court terme comme des baptêmes, des noces, des funérailles ou des négociations de paix on mettait à contribution les tapisseries provenant de dépôts ou de collections appartenant à d'autres membres de la famille ou d'amis. Ce fut certainement la méthode suivie à la cour de Charles VII. Dans son cas il était du ressort de son argentier Jacques Cœur, qui s'appuyait alors sur son étendu réseau de relations, de procurer au roi les tapisseries nécessaires en tout temps et à n'importe quel endroit.

Des sources historiques relatent que Jacques Cœur fut personnellement responsable, en tant qu'envoyé du roi de France, de l'organisation de la joyeuse entrée de la délégation royale dans la ville éternelle le 10 juillet 1448. Il surveilla en personne le transport par bateau sur le Rhône jusqu'à Avignon, puis via Marseille jusqu'à Civitá Vecchia, des nombreuses tapisseries, que lui avait généreusement prêtées le roi René pour cet évènement.[216]

Normalement dans le milieu aristocratique, après un décès, on procédait à un inventaire détaillé de succession. Or puisqu'aucun inventaire des biens de Charles VII ne nous est parvenu après sa mort, nous n'avons aucun moyen de connaître le contenu ou la nature de sa collection de tapisseries.

Un seul document relate que Charles VII avait effectué une commande de tapisseries. En 1452, il paya 825 *livres* à Jean de Neufbourg de Tours pour une chambre composée de cinq éléments de 400 *aunes* carrées illustrant l'« Histoire de Trajan », dans l'intention d'en faire cadeau à sa femme Marie.[217] Il s'agissait d'une série de grand format car les dimensions correspondent à celles de la fameuse « Bataille de Roosebeke » que Philippe le Hardi avait fait exécuter en 1396, et à celles de la « Verdure » bruxelloise composée à l'origine de huit parties commandée par Philippe le Bon en 1466.[218] Par rapport à la « Bataille de Roosebeke » qui avait coûté 810 *livres,* prix presqu'identique à celui de l' « Histoire de Trajan », la « Verdure » dont la confection avait nécessité une énorme quantité de fils de soie d'or et d'argent, revint à Philippe le Bon à plus de 2130 *livres,* quasiment le triple.[219]

Si les ducs de Bourgogne Philippe le Hardi et Philippe le Bon étaient les principaux acheteurs des tapisseries produites à Arras et à Tournai, il ne faut cependant pas sous-estimer les besoins des autres cours voisines, qu'il s'agisse de la France, de l'Angleterre, de l'Italie, de l'Espagne ou de la Hongrie. Les termes d'« arazzi » en Italie ou de « tapis d'Arras » indiquent bien que les tapisseries de première qualité provenaient à l'époque des pays bourguignons et flamands. Celles-ci étaient connues et appréciées jusqu'en Orient, car le sultan exigea comme rançon du Bourguignon Jean sans Peur, après sa victoire de Nicopolis en 1396, *des draps de haultes-lices ouvrés à Arras en Picardie, mais qu'ils fuissent de histoires anchiennes.*[220]

La reconstitution, au moins partielle, de la collection de Charles VII qui, outre à ses propres commandes, a peut-être été complétée par celles de son père Charles VI, du duc Jean de Berry et de Jacques Cœur, mérite qu'on s'y intéresse, même si nous ne possédons à son sujet que des traces sous forme de documents historiques.

Les tapisseries de Charles VI

La composition de cette collection jadis exposée au Louvre et à l'hôtel Saint-Pol à Paris est connue grâce à un inventaire des années 1422 à 1433. Le *Nestor* de l'histoire de la tapisserie, Jules Guiffrey, l'a dépouillé et publié en 1887.[221] Peu avant sa mort, Charles VI avait remplacé comme *garde de la tapisserie* Guillaume Heurtevent par Jean Duval. Parmi les 325 numéros catalogués comprenant aussi bien des tentures isolées que des chambres complètes, environ la moitié a été exécutée selon la technique propre à la tapisserie.[222]

Après la mort d'Henry V, qui n'avait précédé celle de Charles VI que de quelques semaines, il appartint au duc de Bedford d'exercer la régence pendant la minorité d'Henry VI. Il montra un intérêt marqué pour les trésors textiles que le roi avait légués et s'appropria pour son propre usage, entre en 1424 et 1425, de nombreux tissus précieux en soie. Par la suite, le *garde de la tapisserie,* Jehan Brigge reçut l'ordre d'emporter au nom du duc de Bedford tout un lot de tapisseries parmi les plus importantes.[223] Un certain Alain Kyrketon entra en outre en possession en 1434 de diverses tapisseries à sujet religieux, alors que deux ans plus tard disparaissait l'« Histoire d'Octavien ». La collection autrefois importante a rapidement été dispersée à tous vents, surtout en Angleterre. C'est la raison pour laquelle Charles VII n'a guère pu hériter des tapisseries de ses ancêtres.

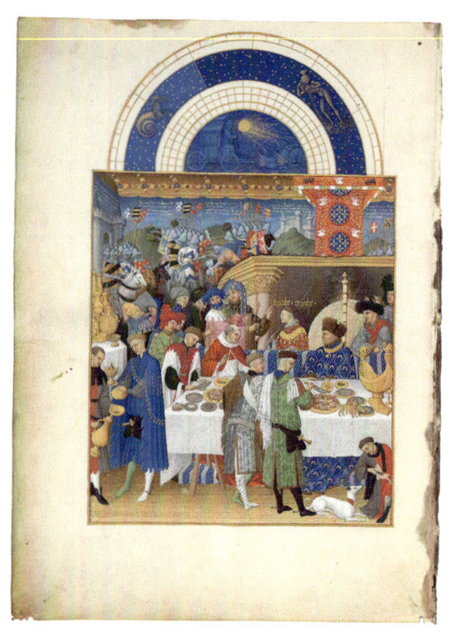

Les tapisseries du duc Jean de Berry

La fameuse enluminure illustrant la réception du Nouvel An dans les *Très Riches Heures du duc de Berry* montre avec quelle opulence était ornée cette salle d'audience. **[45 + M 16]** Pour recevoir les étrennes, le duc trône devant une cheminée monumentale masqué par un garde-feu ; aux murs sont suspendues l'une à côté de l'autre des tapisseries sur lesquelles s'enchaînent des scènes de guerre. L'importance que le duc et, par conséquent, le miniaturiste attribuaient aux sujets repré-

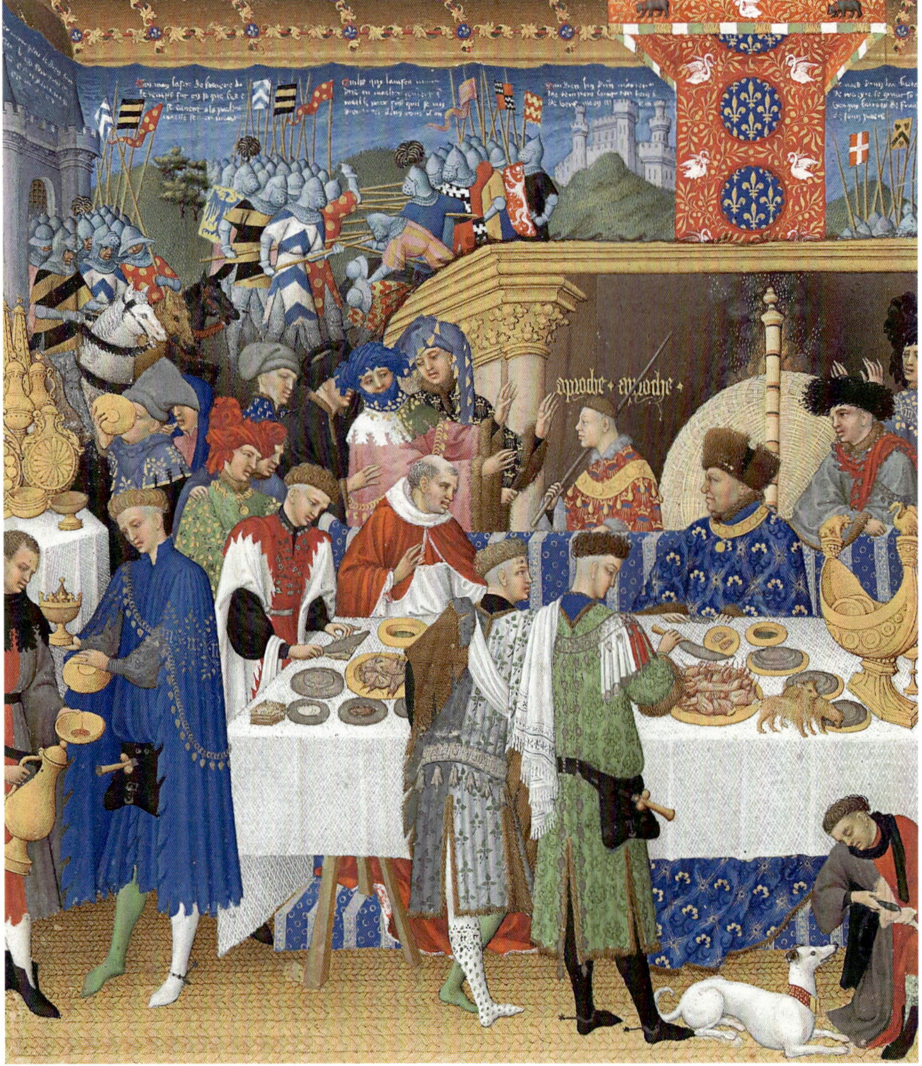

45 + M 16 Frères de Limbourg, *Les Très Riches Heures du duc de Berry* : Scène du Nouvel An, entre 1410 et 1416. Chantilly, Musée Condé, ms.65, fol.1v.

sentés peut se mesurer aux inscriptions qui figurent dans la zone supérieure. Grâce à une loupe, on réussit à distinguer quelques lettres des *tituli* , sans pourtant en comprendre le sens des mots.

En 1385, le duc fit réaliser pour la grande salle de son palais de Bourges une tapisserie sur le sujet des « Neuf Preux ». Nous n'avons malheureusement pas les moyens de savoir s'il s'agit de celle qui est partiellement conservée aux Cloisters du Metropolitan Museum à New York.[224]

Les tapisseries d'Arras dont Philippe le Hardi fit don à son frère, le duc Jean de Berry, entre 1387 et 1388, ne sont connues que par des sources écrites. Il s'agissait de cinq ensembles : une « Vie de la Vierge », une « Passion » et un « Roman de la rose » de Pierre de Beaumetz, des « Scènes de pasteur » de Jehan Cosset et une autre « Passion » de Jehan Lubin.[225]

Nous ignorons si la célèbre collection de tapisseries de Jean de Berry figura parmi les biens dont Charles VII hérita à la mort de ce dernier.

Les tapisseries de Jacques Cœur

Après la disgrâce de Jacques Cœur, Guillot Trépant inventoria plusieurs chambres et quinze tapisseries lui ayant appartenu ; puis le procureur Dauvet les mit en vente aux enchères pour le prix d'estimation de 1'465 ¼ *écus*. Faute d'enchérisseur, elles revinrent à la couronne car c'était sur l'ordre du roi que les tapisseries avaient été confisquées.[226] Selon l'inventaire de Trépant, Jacques Cœur possédait entre autres une toile peinte (*drap de peinture de Tournay assis sur toile*), c'est-à-dire un grand patron de tapisserie, ce qui prouve qu'il entretenait une relation active avec Tournai, centre de tapisseries le plus connu de l'époque. On constate par ailleurs que dans sa collection figuraient aussi plusieurs tissus brodés ou non, comme par exemple une chambre en vert et blanc, deux ou trois chambres de pièces en toile, une chambre de *roleaux* (rouleaux) *bleuz et rouges* et deux tentures murales de serge brodé (*sarge de muraille brodées de rinceaux d'arbre*). L'ensemble le plus cher, estimé à 500 *écus*, n'était pas exécuté selon la technique propre à la tapisserie, mais en damas de soie rouge (*drap de damas vermeil*) probablement brodé : il représentait l'« Histoire de Nabuchodonosor ». Deux rideaux (*custodes*) en taffetas rouge florentin complétaient les quatre éléments, dont l'« Histoire de Nabuchodonosor » était composée – *ciel*, *dossier*, *ruelle* et *couverture*.

La mention reprise par Jean Dauvet d'une chambre de fond rouge vermeil estimée à 377 *écus* avec *à champ vermeil faicte à sers (=cerfs) vo-*

lants et aux armes du roy, mérite qu'on s'y arrête. Outre *ciel, dossier, ruelle* et *couverture de lit* il est question de *pièce de muraille.*[227] L'emblème des Cerfs ailés en combinaison avec les couleurs armoriales vert/blanc/rouge et des branches de rosiers se retrouvent également sur des tapisseries ornées des armoiries de Jacques Cœur.[228] Contrairement à l'ensemble de Nabuchodonosor, cette dernière appartenait au genre de la tapisserie. Il est tentant de l'identifier avec celle qui est connue sous le nom de « Tapisserie de Monsieur de la Rochefoucault », bien que le résultat de ce rapprochement, qui n'a encore jamais été fait, reste ouvert.

La « Tapisserie de Monsieur de la Rochefoucault »

Une copie en couleur de la tapisserie datant du XVIIe siècle est conservée à la Bibliothèque Nationale de Paris. **[46]** Sous le titre *Les Armes du Roy Charles,* est représentée une paire de cerfs volants dressés devant une grille et tenant entre leurs pattes avant le blason aux fleurs de lys couronné d'un heaume de tournoi. Les banderoles, autour de leurs épaules, indiquent qu'il s'agit des armoiries du très éminent roi Charles VII.[229] Au premier plan poussent des lis blancs ; l'arrière-plan rouge est parsemé de soleils d'or. Le sous-titre, qui figure sur le dessin, *Pris sur une Tapisserie de M. de la Rochefoucault,* montre que l'œuvre originale devait encore jouir, quelque deux cents ans après sa production, d'une grande estime. Visiblement cette pièce passa à un moment indéterminé entre les mains de François de la Rochefoucauld (1613–1680), favori de Louis XIV, ami intime de Madame de la Fayette.

Pour conclure, revenons encore une fois sur les deux œuvres principales de l'art de la tapisserie entre 1453 et 1461. En commentant la tenture aux « Cerfs volants » de Reims en 1994, Claude Schaefer a proposé d'en attribuer le *patron* à Jean Fouquet : d'une part à cause de sa superbe qualité qui, à elle seule, suffirait à le prouver mais aussi parce que, tout autant que le portrait de Charles VII du musée du Louvre et le « Livre d'Heures » d'Etienne Chevalier, elle répondait parfaitement à l'état d'euphorie qui régnait au milieu du XVe siècle après la victoire sur les Anglais.[230] Cette constatation reste valable avec les mêmes arguments si l'on envisage d'attribuer aussi à Jean Fouquet la tapisserie du trône.

46 *Les Armes du Roy Charles,* La « Tapisserie de Monsieur de la Rochefoucault », dessin colorié du XVIIe siècle. Paris, Bibliothèque nationale de France, Estampes, Pc 18, fol.1.

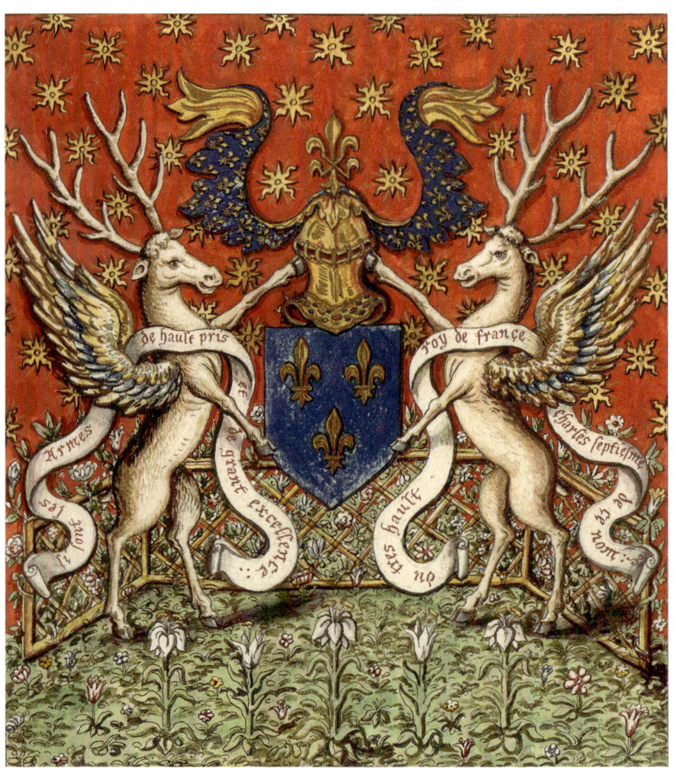

La tapisserie aux « Cerfs volants » de Rouen

Si le cerf ailé couché au centre avec l'étendard de saint Michel symbolise la paix que Charles VII a conclu en 1453, mettant ainsi fin à la guerre de Cent Ans, le couple de lions représenté à l'extérieur de la zone clôturée fait en revanche référence à l'idée que, dans le futur, toute nouvelle attaque de l'ennemi anglais est exclue. **[20, p. 44]**

Les deux cerfs qui franchissent la clôture représentent, selon les spécialistes, la Normandie et la Guyenne que Charles VII a libéré du pouvoir anglais successivement en 1450 et 1453. Il serait plus vraisemblable de voir à travers eux l'évocation des fils du roi, le dauphin Louis et Charles de France. Le triple motif du cerf ailé symbolise, par analogie avec les Trois lys héraldiques, la légitimité et la souveraineté de la maison royale de France.

Cette interprétation d'ordre politique n'est pas sans légitimer le fait que le lieu de conservation actuel de la tapisserie soit Rouen, bien qu'elle ne soit entrée dans la collection d'antiquités de cette ville qu'en 1892 sur l'initiative du conservateur Gaston le Breton.[231] Ainsi la tapisserie dont le sujet aurait fait un décor idéal lors de la joyeuse entrée de Charles VII à Rouen en 1449 et, plus circonstancié encore, à l'occasion du traité de paix conclu en 1453, n'est cependant arrivé que beaucoup plus tard dans la ville normande. Son achat fut certainement dû à l'intérêt pour les valeurs historiques qui s'est développé partout en Europe à la fin du XIXe siècle.

Nous ne savons pas à quel point l'emblématique et l'iconographie royale des « Cerfs volants » de Rouen suffisent à désigner le roi comme commanditaire de la tenture, car il arrivait souvent que, derrière les commandes effectuées par des courtisans, se cachent des preuves de leur loyauté envers Charles VII. Il suffit pour s'en convaincre de rappeler l'importance prise par l'emblématique royale dans les œuvres d'art initiées par Jacques Cœur ou dans le « Livre d'Heures » d'Etienne Chevalier. Le commanditaire de cette belle tapisserie, s'il ne s'agit pas du roi lui-même, est du moins à rechercher dans l'entourage immédiat de Charles VII.[232]

Le « Couronnement perpétuel » de Paris

Comme c'est pratiquement toujours le cas dans l'art de la tapisserie, le lieu de production et le moment au cours duquel fut exécutée la tenture du trône conservée au musée du Louvre restent hypothétiques. On peut cependant, supposer, qu'avec une certaine vraisemblance la plupart des tapisseries d'une telle qualité datant du milieu du XVe siècle n'étaient plus produites à Arras mais à Tournai, centre de fabrication florissant à l'époque. Bien que ce centre travaillât avant tout pour les ducs de Bourgogne, il exécutait aussi régulièrement des commandes de la cour de France. Il ressort clairement des sources écrites, que l'entreprise la plus importante de Tournai était celle de Pasquier Grenier qui fut active de 1450 jusqu'à sa mort en 1491. Il est cependant rarissime qu'on puisse mettre en relation la très productive maison « Grenier » avec telle ou telle tapisserie, comme c'est le cas pour les différentes éditions de la « Guerre de Troie », car les marques de ville, de manufacture ou de tapissier appartenaient encore à un futur éloigné.[233] Nous nous bornerons donc à avancer prudemment l'hypothèse, que le « Couronnement perpétuel » a pu passer entre les mains du plus fameux entrepreneur de tapisserie connu, Pasquier Grenier de Tournai.[234]

Lorsqu'on observe les deux anges, le drapé souple de leurs vêtement ou l'ovale clair de leurs visages aux sourcils finement dessinés, au-dessus des paupières bombées et à la bouche en cœur, on est irrésistiblement amené à évoquer un ensemble d'un style comparable illustrant les « Faits d'Alexandre le Grand » aujourd'hui conservé à Gênes, au sein du Palazzo del Principe (autrefois à Rome, Palazzo Doria Pamphilj).[235] L'Ascension d'Alexandre au centre de la seconde tenture aux griffons ailés montre, malgré la différence des sujets, une certaine parenté dans la manière dont ils sont transposés dans l'œuvre tissée. **[47]**

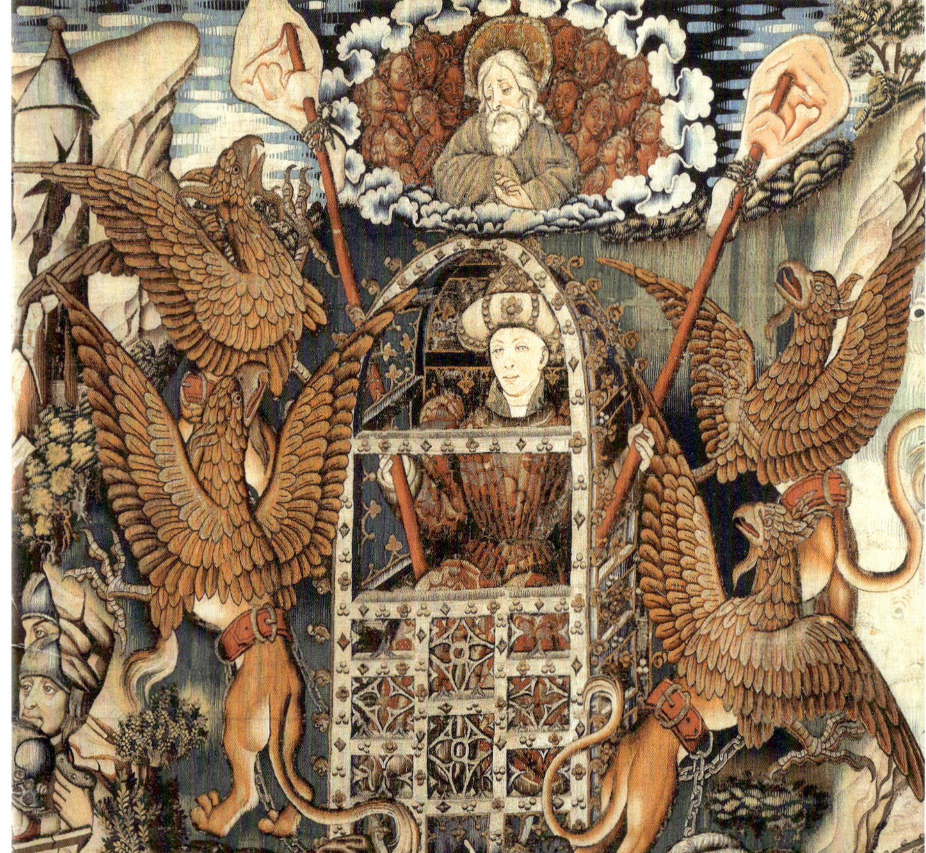

47 L'Ascension d'Alexandre, détail de la seconde tapisserie de l'« Histoire d'Alexandre le Grand », Tournai, entre 1450 et 1460. Genova, Palazzo del Principe, coll. Doria Pamphilj.

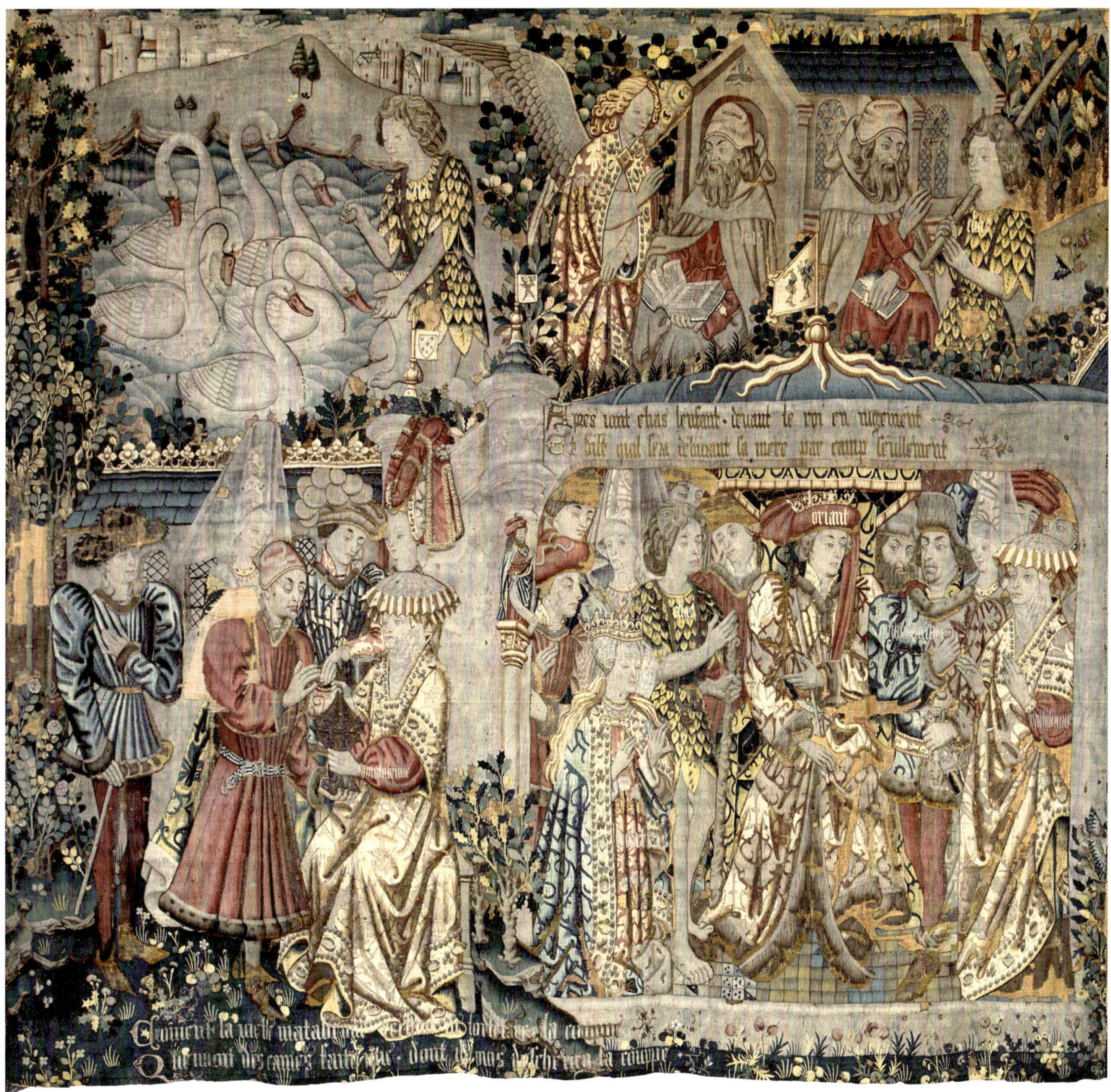

48 Le « Chevalier au cygne », seconde tapisserie, Tournai, environ 1450–1460. Krakow, Museum Wawel.

Nous avons déjà commenté la similitude de style du « Couronnement perpétuel » avec les « Cerfs volants » de Rouen, l' « Histoire de Clovis » de Reims et avec les « Couples courtois devant des rosiers » de New York.[236]

Le dernier représentant de ce style nous est parvenu avec le « Chevalier au cygne » dont deux fragments sont conservés à Vienne et à Cracovie.[237] **[48]** Dans le détail du fragment de Cracovie, Elie rencontre ses six frères transformés en cygnes. Ce motif se trouve iconographiquement aussi éloigné de la tapisserie du trône que l'Ascension d'Alexandre ; cependant le style du visage d'Elie offre

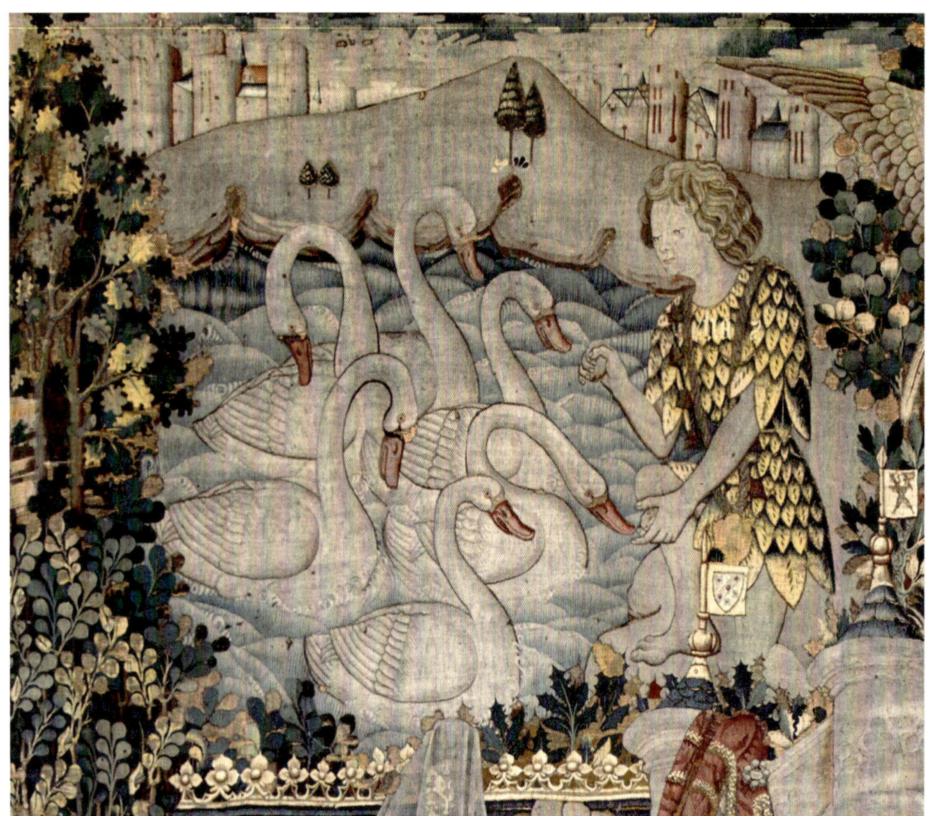

49 Le « Chevalier au cygne », détail de la seconde tapisserie, Tournai, entre 1450 et 1460. Krakow, Museum Wawel.

un parallèle intéressant. **[49]** Les hachures formées de traits verticaux alignées avec régularité et suggérant la structure de l'eau dans l'étang aux cygnes, ressemblent de près à celles qu'on peut observer sur les manches de la tunique des anges. De même, les contours foncés, relativement marqués, du cou et des ailes des cygnes invitent à un rapprochement avec la manière dont les ailes blanches se détachent sur les aubes claires des apparitions célestes. Les contours des visages et des mains qui deviennent aux endroits les plus exposés à la lumière presque inexistants, sont un autre phénomène propre aux deux tentures.

Conclusions

L'iconographie de la tapisserie du « Couronnement perpétuel » qui renvoie très spécifiquement à la royauté française, suggère immédiatement Charles VII comme son commanditaire. Par rapport aux évènements marquants de sa vie, il semble plausible de retenir une date située entre 1453 et 1461 pour la mise en œuvre de cet ouvrage.

Il faut se rappeler que Charles VII a commandé en 1452 pour son épouse Marie d'Anjou une chambre de tapisserie illustrant l'« Histoire de Trajan ». Les deux commandes de tapisseries auraient donc pris place durant la dernière décennie de la vie de Charles VII. Les turbulences de la guerre de Cent Ans s'étant apaisées, cette période limitée connut un renforcement et une consolidation du pouvoir monarchique. Le pays jouit d'une époque de paix qui favorisa le développement d'une certaine conscience nationale. Entre 1453 et 1454, une nouvelle loi visant à promouvoir l'unification du pays, la Grande Ordonnance était entrée en vigueur. La tapisserie aux « Cerfs volants » de Rouen témoigne avec éloquence de cette évolution et de la riche iconographie qui nourrissait l'imagination de ce moment historique. Cette image unique est régulièrement citée quand on veut illustrer les origines de l'identité nationale française.

Nous n'avons pas les moyens de savoir si, à l'origine, la tapisserie du trône était destinée à une résidence royale spécifique, mais cela importe peu car les éléments textiles entourant le trône étaient continuellement montés et démontés suivant les changements fréquents de résidence. On adoptait à chaque fois les tentures murales, les coussins et les couvertures des lits de parade au nouveau lieu. Trente ans après son couronnement à Reims, Charles VII éprouvait encore le besoin de faire transposer sur une tenture l'image symbolique de son couronnement divinement sanctionné par deux messagers célestes, pour apaiser la soif insatiable de légitimation qu'il ressentit jusqu'à la fin de sa vie. Les motivations qui l'ont poussé à commander cette tapisserie découlent des débuts mouvementés de son existence, en même temps que de sa volonté d'affirmer par tous les moyens son pouvoir. De même que Charlemagne jadis ne put obtenir le titre d'empereur du Saint-Empire romain germanique qu'en 800 à Rome, c'est-à-dire à la fin de son règne à Rome, Charles VII chercha jusqu'à la fin de sa vie à assurer la légitimité de son pouvoir absolu. Grâce à la tapisserie du trône illustrant son « Couronnement perpétuel » qui a été préservée jusqu'à aujourd'hui, sa volonté de pérenniser éternellement son titre *a Deo coronatus* est devenue réalité.[238]

Notes

1 Thiébaut/Salmon 2012.

2 Cazelles/Rathofer 1988, introduction par Umberto Eco, p.8. – Pour distinguer les citations en français moderne (« ») des citations en moyen français et en latin, celles-ci sont mises *en italiques*.

3 Vale 1974, p. 3–12 a analysé l'aspect historiographique de la biographie de Charles VII de la façon la plus fouillée. Aux deux historiens français, Christian de Mérindol et Georges Minois, nous devons les réflexions de base concernant l'histoire sociale et l'histoire des mentalités.

4 À cette occasion, la Société des Amis du Louvre a fait publié un Dossier de l'Art hors-série par Elisabeth Antoine (Antoine 2010).

5 Quand les inventaires de l'époque mentionnent des tissus en soie ou en velours, il est très souvent question de rouge cramoisi, une teinte tirée des grains d'écarlate ou de la cochenille.

6 Le médaillon émaillé peint par Jean Fouquet, autrefois à Berlin, Kunstgewerbemuseum (Schloss Köpenick): Cat. Paris 2003, p. 132, fig. III.1 **[M 14, p. 77]** et la miniature dans la chronique 141 (1447/48) à Toulouse, Archives municipales, ms. BB 273: Cau, fig. p. 86s.

7 292 cm sur 285 cm sont les mesures exactes de la tapisserie du trône telle qu'elle est aujourd'hui conservé.

8 L'orseille est une espèce de lichen vivant sur les côtes rocheuses de la Méditerranée.

9 Le Sumac des corroyeurs (*Rhus Coriaria*) est un arbuste principalement méditerranéen provenant de la Sicile, mais également de la Turquie, de l'Arabie ou de l'Iran. – Rapp/Stucky 2001, p. 422.

10 Pour en avoir plus de certitude, il faudrait des analyses de laboratoire, lesquelles détermineraient l'emploi éventuel de la teinture avec des couleurs d'aniline et de la téchnique de la torsion des fils à la machine.

11 On est tenté de voir dans la manufacture de Beauvais, élevée par Napoléon au rang de manufacture d'Etat en 1804, l'endroit idéal pour l'exécution professionnelle de ce remaniement.

12 Non seulement cette restitution de l'état originel ne peut avoir été menée à la fin du XIXe siècle, mais surtout la tapisserie a dû servir à la légitimation du pouvoir royal jusqu'à la phase tardive de la monarchie française. On pourrait alors faire l'hypothèse que Louis XVIII, avec ses intentions de restauration, ou Louis Philippe en soient les derniers bénéficiaires. Dans les deux cas, on devrait ainsi dater la seconde restauration de la tapisserie d'avant 1848.

13 Paris, Archives nationales, St 7722 (d'après un sceau détaché, déposé à Lyon, Archives départementales du Rhône, réserve). Voir : Dalas 1991, t. 2, p. 258, no 177.

14 Paris, Archives nationales, St 8046 (d'après un sceau attaché à un acte daté de décembre 1452 à Bruxelles, Archive générale du Royaume de Belgique, (famille de Croix). Voir : Dalas 1991, p. 255, no 173 250, no 168 et 168bis.

15 Paris, Archives nationales, St 7800. Voir Dalas 1991, t.2 p. 256, no 174.

16 Paris, Archives nationales, St 7955 et St 7955bis. Voir Dalas 1991, t.2 p. 250, no 168 et 168bis.

17 **[14, p. 26; 16, p. 32+19, p. 41]**

18 Paris, Musée du Louvre, département des Arts graphiques, inv. 20688. – Campbell/Van der Stock 2009, p. 230s. fig. 120.

19 Froissart (1872), p. 8.

20 Paris, Bibliothèque nationale de France, ms.fr. 135, fol. 26.

21 Londres, British Library, ms. Royal 20 B VI, Philippe de Mézières, Epistre au roi Richart, France 1395, fol. 2.

22 Les lys des Valois ne disparaîtront des armoiries britanniques qu'en 1801.

23 Dessin Sabina Stucky, Bâle. – En analogie à la construction du lit de justice de la miniature de Jean Fouquet du manuscrit de Boccace de Munich, il faut s'imaginer que le poids d'un tel baldaquin monumental a dû être soutenu par une suspension au plafond de la salle. **[fig. 33, p. 67]**

24 La comparaison des différents documents nous apprend, que les quittances d'ordonnance ou de comptabilité ressemblaient à des formulaires et possédaient la validité selon la loi de contrat: voir Rapp/Stucky, 2001, p. 397–399 et p. 457–458.

25 Antoine 2010, p. 22–23.

26 Grodecki 1975, p. 331–359. – Reynaud 1981, p. 78 – Mollat du Jourdin 1988, p. 338s. – Schaefer 1994, p. 277–281. – Châtelet 1996, p. 82.

27 Grodecki 1975, fig. 72–73 et fig. 76.

28 Paris, Bibliothèque nationale de France, Supplément français 1161, fol. 36.

29 Paris, Bibliothèque nationale de France, ms.fr. 10371, fol. 10. Voir : Beaucourt 1881–1891, t. 5, p. 79–82. – Châtelet 1996, p. 14. – Goldman 2002, p. 14.

30 Schaefer 1994, p. 277–281. – Châtelet 1996, p. 82s.

31 Brion-Guerry 1962, p. 31–34. – Schaefer 1994, p. 180–192 et p. 263–265.

32 Cat.expos. Paris 2003, p.18–28: Jean Fouquet et ses fils (F.Avril).

33 *Chronique abrégée jusqu'à Louis XII*, dans: Paris, Bibliothèque nationale de France, ms.fr. 4954, fol.

22v-23: *Ledit Roy Charles septiesme trouva son royaume bien empeschié de ses enciens ennemys les Anglois. Mais, par l'aide divin et de sa bonne chevalerie, il les en chassa dehors Et tellement qu'il laissa à son décès son Royaume en aussi bonne paix, justice et tranquillité qu'il fust depuis le Roy Clovis premier crestien.*

34 Beaucourt 1881–1891.

35 Le 18 novembre 1437 Charles VII confirma « son antique prérogative » de l'historiographie à l'abbaye de St-Denis et nomma Jean Chartier, « au poste du chroniqueur royal » Voir Vallet de Viriville 1863–1865, t. 2, p. 387s.

36 Mollat du Jourdain 1952/53.

37 Schirmer-Imhoff 1978. – Duby 1999.

38 Dans les « Chroniques d'Enguerrand de Monstrelet », Paris, Bibliothèque de l'Arsenal, ms. 5084 une miniature représente en détail le crime du 10 septembre 1419.

39 *Considéré les horribles et énormes crimes et délits perpétrés au royaume de France par Charles, [...] il esta accordé que ni nous, ni notre fils le roi Henri, ni aussi notre cher fils Philippe, duc de Bourgogne, ne traiteront aucunement de paix avec ledit Charles.* Voir : Minois 2005, p. 131.

40 Hanley 1983, p. 27, note 34.

41 *[...] banné du royaume et déshérité de la couronne*: voir Beaucourt, t. 1, p. 218, note 4.

42 *[...]et estoit nostre entencion de nous traire en personne près de vous, ce que delayons à faire jusques à ce que ayions eu l'advis de belle mère la Royne de Secille.* Voir : Beaucourt 1881–1891, t. 1, p. 100s.

43 Par contraste avec Marie d'Anjou, *laide à faire peur aux Anglais,* Agnès Sorel fut nommée *damoiselle de Beauté.* Jean Chartier décrivit Agnès Sorel: *entre les belles, c'étoit la plus belle et la plus jeune du monde.* Après sa mort précoce les rumeurs circulaient, qu'elle avait été empoisonnée avec du mercure et que son confident Jacques Cœur aurait été impliqué. Voir : Minois 2005, p. 433–436.

44 Minois 2005, p.149s.

45 Minois 2005, p. 101. – Héraut Berry (1979), p. 74 ne mentionne que la mort du duc de Berry et ses funérailles à Bourges, et néglige le fait, que Charles VII a pris sa succession en 1417.

46 Froissart (1872) dans ses Chroniques (t. 14, p. 196) parle de cette rénovation coûteuse en définissant le château en 1397 comme *une des plus belles maison du monde.* – Froissart (1825) livre 4, p. 72 et p. 74. – Beaucourt 1881–1891, t. 1, p. 215.

47 Champeaux/Gauchery 1894, p. 35, p. 39, p. 42s.

48 Cazelles/ Rathofer 1988, p. 216 et p. 233s.

49 Beaucourt 1881–1891, t. 6, p. 399, note 4.

50 Le chroniqueur Perceval de Cagny a donné le portrait le plus complet du duc d'Alençon: de Cagny (1902), p. IX.

51 Vallet de Viriville 1863–1865, t. 2, p. 391. – *Protestations du tres chrestien Roy de France, Charles VII, sur la determination du Concile de Basle,* Paris 15 janvier 1560.

52 Chastellain (1863), t. 2, p. 47. – Mollat du Jourdin 1992, p. 99.

53 Mérindol 1996, p. 133s. et p. 148, fig.1.

54 Mérindol 1992b. – Schafer 1994, p. 277–281, ill. 190 et 191 identifia le peintre anonyme avec Jacob de Littemont. – Cat.expos. Paris 2004a, p. 86–88, fig. 51 et détail p. 84.

55 *Les royaumes sans bon ordre de justice ne peuvent avoir durée ni fermeté.*

56 Je dois cette information précieuse à l'historien de droit et ami bâlois Hans-Rudolf Hagemann: Filhol 1962, p. 63–85. – Grinberg 1997, p. 1017.

57 Inglis 2011, p. 112–122.

58 Bueil (1887–1889), t. 1, p. 46.

59 Minois 2005, p. 749–799.

60 Dans la quittance (Paris, Bibliothèque nationale de France, ms.fr. 10372) il est précisé: *[...] pour avoir moulé et empraint par deux foiz le visaige dudit feu seigneur pour servir à l'entrée de Paris [...] Et pour le voyaige dudit Pierre Hennes de Bourges à Paris pour aporter l'emprainte dudit visaige, y cuidant trouver Foulquet le paintre, ouquel voyaige il a vacqué III jours.* Voir : Beaucourt 1863/64, t.1, p.180. – Une toute autre interprétation des sources : voir Giesey, 1960, p.105, note 2. – Schaefer 1994, p. 197.

61 Giesey 1960, p. 105–124 et p. 135s. – Gerchow 2002, p. 55–64.

62 Kantorowicz 1957.

63 Paris, Bibliothèque nationale de France, ms.fr. 2691, fol. 1. – Inglis 2011, p. 106, fig. 100. – Le manuscrit de Martial d'Auvergne, Vigiles de la mort de Charles VII, (Paris Bibliothèque nationale de France, ms.fr.5054) figure, sur fol.1 et fol.27v les effigies funéraires du père et du fils: voir Giesey 1960, fig. 8 et 9.

64 Rapp/ Stucky 2001, p. 246–252. – Vaivre 1982, p. 93–108.

65 *Cest . estendart / est . une enseigne Qui loial francois enseigne / De jamais ne la bandonner. S'il ne veult son / bonneur donner.* – Rapp/Stucky 2001, p. 246, note 43, en corrigeant la lecture erronée de *honneur* en *bonneur.* Voir : Martin 1947, p.199.

66 *Si . nobles .na /dessoubz . les cieulx (Je) ne . pourroye .(por)ter . mieulx.*

67 *Armes . porte ter* (= très) *[glo ¿]rieuses . Et . sur . toutes victorieuses.*

68 La tapisserie de Rouen étant amputée d'une bande significative d'environ 60 à 80 cm sur son côté gauche, la tentative de comparer la composition des deux œuvres risque de s'avérer être un exercice boiteux.

69 Rapp/Stucky 2001, p. 251s.
70 Cat.expos. Paris 1974, p. 92s. – Schaefer 1994 dédie un chapitre entier à cette tapisserie: p. 155–159. – Joubert/Lefébure/Bertrand 1995, p. 21s.
71 Bath 1992.
72 *[...]et au carrefour de la dicte eglise avoit un serf volant bien pourtrait vivement, lequel portait en son col une couronne, et se agenouilla devant le Roy par mistere quant il passa par la pour aller a l'Eglise.* Voir : Héraut Berry (1979) p. 327. – Un commentateur anonyme ajoute un autre détail (Poitiers, Bibliothèque municipale, ms.267 [404], fol.2^v^-3^v^): *Et devant Notre Dame, sur ung eschauffault, y avoit ung grant cerf blanc que deux damoiselles tenoient, et le presentoient au roy.* – Guenée/ Lehoux 1968, p. 160–162.
73 *A la porte du Chastelet de Paris avoit ung chastel [...]de bois [...]et sur ce chastel ung lit paré, ordonné et encourtiné aussi richement de toutes choses, comme pour la chambre le roy, et estoit ce lit appellée le lit de justice.* Voir : Froissart (1872) p. 10s. – Hanley 1983, p. 29, note 39.
74 Jouvenel des Ursins (1875), t. 4, p.b
75 Jouvenel des Ursins (1875), t. 4, p. 328.
76 Froissart (1825) t.10, p. 68–71.
77 Paris, Bibliothèque de l'Arsenal, ms. 2682–3, fol. 34^r^. – Mézières, de (1969), t. 1, p. 86, 101; t. 2, fig. *frontispiz*, p. 118s, p. 124. – Bath 1992, p. 71, fig. 19.
78 Deschamps (1878–1903), t.1, p. 164s. – Boudet/ Millet 1997, p. 122, no 67, p. 139.
79 *[...]il* (Charles VI) *commanda que, des lingots de son épargne, on fit un cerf de la grandeur de celui qu'on voyait alors à la grande salle du palais. Cependant de ce cerf, il n'y eut de fondu que la tête et le cou.* Voir : Sauval 1724, t. 2, p. 318. – Vaivre 1982, p. 94, note 9.
80 Rapp/Stucky 2001, p. 248s., fig. 205 et fig. 206; note 53 et note 54.
81 Guerot 1950, t. 2, p. 135–137.
82 Paris, Bibliothèque nationale de France, ms.fr. 2596, fol. 5. – Vaivre 1982, p. 98, fig. 4.
83 *Car un roi de France doit estre / Charles fils de Charles nommé / Qui sur tous rois sera grand maître / Prophéties l'ont surnommé / Le cerf volant.* Voir : Quicherat 1841–1849, t. 5, p. 8.
84 Champion 1909, p. 370–377. – Vaivre 1982, p. 101, note 49.
85 Avec la Révolution française (1789) la bannière des fleurs de lys fut remplacée par la tricolore. Au début de la Restauration (1814), les fleurs de lys firent leur réapparition pour disparaître définitivement avec la Révolution de juillet (1830).
86 Paris, Bibliothèque nationale de France, ms.fr. 6465, fol. 434^v^. – Cat.expos. Paris 2003, no 26, p. 219–248.
87 *A Jehan Cochet, brodeur et varlet de chambre du roy...pour avoir taillé, fait assir à fil d'or, d'argent et de soie, sur chascune manche d'ycelles quatre vingt dix-neuf livrées par ordre du roy aux mesmes officiers de l'hotel un escot de fin blanchet, à branches garnies de feuilles de rosier, à la devise accoustumée dudit sgr.:* Paris, Archives nationales, KK 51, fol. 127. – Vaivre 1982, p. 101, note 47.
88 Particulièrement impressionnant sur la tapisserie de Monsieur de La Rochefoucault **[46, p. 88]** mais aussi sur des empreintes de sceau de Charles VII, voir Dalas 1991, p. 245, no 164, p. 255, no 173 et 173bis, p.256, no 174.
89 Mérindol 1985, t. 2, p. 158s. – Dalas 1991, S. 256, Nr. 174.
90 Cat.expos. Paris 2004, p. 375–379, Annexe I: Devises, mots et couleurs: les emblèmes de Charles VI. Voir aussi fig. p. 375 du manuscrit *Armoiries et emblèmes de Charles VI présentés par un ange*, Bourgogne autour de 1417, (Wien, Staatsarchiv, TO 51, fol.2^v^).
91 Dalas 1991, p. 248, no 167.
92 *Ung estendart ou estoit dedans monseigneur Saint Michel; le champ de l'estendart estoit semé par tout d'estoilles d'or.* Voir: Héraut Berry (1979), p. 192.
93 Voir les deux manuscrits: Paris, Bibliothèque nationale de France, ms.fr.135, fol.26 **[14, p. 26]** et ms.latin 6222C, fol. 42^v^.
94 *[...]auvent traversé par des raies d'un soleil d'or.* Voir : Mérindol 1985, p.158, sans indication de source; sceau avec inscription : *sigillum karoli dei gracia francorum regis et delphini viennensis* (Archives nationales St 7222). Voir : Mérindol 1997a, p. 173, note 18.
95 Mérindol 1993, p. 19.
96 Lombard-Jourdan 1991 (préface par Jacques le Goff). – Boudet 2004, p. 455–478.
97 Mérindol 1985, p.158s.
98 Liocourt, 1974, t. 1, p. 208, note 66. – Bibliothèque Ecole des Chartes, 2e série, t. 3, p. 136.
99 *[...]une jaquette de trois couleurs rouge, blanc et vert sans manche à la devise dudit seigneur* fol.100^r^ *[...]* et: *[...]pour le paiement de quatre vingt quinze aulnes trois quart, mesure de Paris, drap rouge, blanc et vert [...].pour tailler cent iiij* (= 104) *jacquettes desd. trois couleurs.* Les deux quittances datent de l'an 1463: Paris, Archives nationales, KK 65, fol.99^v^. – Vaivre 1982, p. 107, note 44.
100 München, Bayerische Staatbibliothek, cod. Gall. 6, fol. 2^v^.
101 Inglis 2011, p. 131s., fig.128.
102 Cat.expos. Paris 2003, p. 193–206, cat. 24.2, 24.4 et 24.5.
103 Mathieu d'Escouchy: *[...]archiers, crennequiniers (qui) avoient auctons sans manches, de vermeil, de blanc et de verd, tout chargiez dorfevrerie, ayans leurs plumes sur leurs sallades* (= heaumes) *desdictes cou-*

leurs ; cîté d'après Beaucourt 1863/64, t. 1, p. 235. – Vale 1969, p. 243–248.

104 Paris, Bibliothèque nationale de France, ms.fr. 2691, fol. 209v. – Liocourt 1974, p. 208, note 72.- Revue de la Société internationale d'Histoire de la Profession d'Avocat (1997) no 9, p. 35–51.

105 *[...]ou avoit une pome dor faicte richement a lozanges percées à jour et dessus icelles lozanges petits rozettes esmaillées aux couleurs du Roy.* (Paris, Archives Nationales, KK 55, fol.141r). – Vale 1969 p. 245s. note 27.

106 Il ne s'agit pas des couleurs tricolores bleu/blanc/rouge, comme on pourrait le supposer à première vue, mais effectivement de vert/blanc/rouge, le vert composé de bleu et de jaune a perdu sous l'influence de la lumière la composante jaune et a viré en un ton indigo.

107 New York, Metropolitan Museum Rogers Fund, 1909 (09.137.2): Cavallo 1993, no.8, p.174–189, pl. 8b. (Les trois autres éléments de cette chambre ont été tellement altérés, tant par l'assemblage de pièces provenant de différentes tentures que par les restaurations et retissages de morceaux importants, seul un fragment, Cavallo 8b, peut être pris en considération). – Rapp/Stucky 2001, p. 249–251, fig. 209.

108 Livre d'Heures de Jean duc de Bedford (London, The British Library, Add.MS 18850, fol. 288v), environ 1430.

109 Rapp/Stucky 2001, p. 278 et p. 385.

110 Rapp/Stucky 2001, p. 266–279. – Voir Louis Paris 1843:
Couronnement de Clovis et bataille de Soissons avec la victoire sur les Romains (conservé);
Contrat avec la Bourgogne et noces de Clovis et Clothilde (disparu);
Bataille de Tolbiac et baptême de Clovis par saint Remi (disparu);
Construction de l'église Saint-Pierre-et-Paul à Paris, Gondebaud vaincu et apparition du cerf blanc (en partie conservé; complété avec de grandes parties de diverses tapisseries de la même série) ;
Signe de feu au-dessus du monastère de Saint-Hillaire près de Poitiers (disparu) ;
Don de la bannière aux fleurs de lys à l'ermite de Joyenval (disparu).

111 Rapp/Stucky 2001, fig. 221 et fig. 224.

112 Rapp/Stucky 2001, p. 277s.

113 Bak 1990. – Jackson 1984. – Schramm 1960.

114 Nelson 1990.

115 Le Goff 1990, p. 46–57. – Bonne 1990, p. 58–71.

116 Schramm 1960, t. 1, p. 236–250.

117 *Dieu veuille avoir pitié et merci de l'âme du très haut et très excellent prince Charles, roi de France, sixième de ce nom, notre naturel et souverain seigneur. Dieu donne bonne vie à Henri, par la grâce de Dieu roi de France et d'Angleterre, notre souverain seigneur!* Voir : Minois 2005, p. 149.

118 Minois 2005, p. 283.

119 Monstrelet (1857–1862), t. 4, p. 339.

120 Bryant 1990, p. 34–40.

121 Minois 2005, p. 287s.

122 Quicherat 1841–49, t. 5, p.128–130.

123 Beaucourt 1881–1891, t.2, p. 229, note 3.

124 A ce moment Jeanne d'Arc a dû s'apercevoir de l'absence des gants royaux, car durant le procès, la pucelle fut soupçonnée de forces surnaturelles et de sorcellerie pour les avoir retrouvés.

125 Schramm 1960, t.1, p. 249, t. 2, p.145s., notes 4 et 6.

126 Minois 2005, p. 289.

127 *Tu regni decus, tu lilii lumen, tu lux, tu gloria non Gallorum tantum, sed christianorum omnium. Non Hectore reminiscat et gaudeat Troja, exsultet Graecia Alexandro, Annibale Africa, Italia Caesare et Romanibus ducibus omnibus glorietur. Gallia etsi ex pristinis multos habeat, hac tamen una Puella contenta, audebit se gloriari et laude bellica caeteris nationibus se comparare, verum quoque, si expediet, se ante ponere.* – Quicherat 1841–1849, t. 5, p. 135.

128 Lehnen 1997, p. 11.

129 Johanek/Lampen 2009.

130 Guenée/Lehoux 1968, p. 70–86; dans le préface, p. 7–30 *joyeuse entrée* est définie par les sources systématiquement consultées des années de 1328 à 1515.

131 Une description exacte se trouve auprès deux chroniqueurs: de Monstrelet (1857–1862), t. 5, p. 301s. et Héraut Berry (1979), p. 190–193.

132 Johanek/Lampen 2009, p. 18s.

133 Koeppel 1969, p. 192–194.

134 Bryant 1990, p. 88–118, fig. 6.3.

135 D'après Bryant 1990, p. 104, l'armure devait rappeler la présence de Jeanne d'Arc, tandis que le chancelier en toge garantissait la légalité de l'acte officiel.

136 Guenée/Lehoux 1968, p.73: *[...]grande espee toute semee de fleurs de lis de fin or de orfevrerie.*

137 Chartier (1661), p. 182. – Godefroy 1649, t. 1, p. 654s.

138 Monstrelet (1857–1862), t. 5, p. 302s.

139 Guenée/Lehoux 1968, p. 76s.

140 Guenée/Lehoux 1968, p. 156–162.

141 Franchon-Gielarek 1992, p. 99–105. – Mérindol 1996, p. 137–147, fig. 4–8.

142 Toulouse, Archives municipales, ms. BB 273. – Cau 1990, p. 83 (fig.). – Mérindol 1997a, p. 177.

143 Source de 1420–1421: Archives nationales, KK 53, fol.26v.

144 Charles VII y est représenté comme sur une table d'autel pratiquement contemporain destiné à l'origine à la salle du parlement de Paris (conservé au Musée du Louvre) ; il s'agit d'une fondation de Dreux Budé, d'un haut fonctionnaire à la cour de Charles VII. – Voir Mérindol 1992, p.19–34.

145 Mérindol 1992b, p.133–135.

146 Mathieu de Coucy, Chroniques, éd. Du Fresne de Beaucourt, Paris 1864, t. 1, p. 229s. – Mollat du Jourdin 1992, p. 86s.

147 Paris, Bibliothèque nationale de France, ms.fr. 2679, fol.322[v]. – Guenée/Lehoux, 1968, fig. frontispice et p. 160–162. – Vale 1974, p. 202–204. – Mérindol 1992, p. 317–320. – Voir aussi Chronique abrégée des rois de France, Paris, Bibliothèque nationale de France, nouv.acq.fr. 4811, fol. 70[v]: Mérindol **1997a**, p. 177.

148 *Par le moyen duquel Jacques Coeur le roy avoit ainsy concquis Normandie, parcequ'il a voit presté au roy une partie des deniers pour payer ses gens d'armes.* Voir : Clercq (1823). – Minois 2005, p. 542–544.

149 Pisan, Christine de, Oeuvres, Paris vers 1413. t. 1, folio 3, London, British Library, Harley 4431. Voir : Cat.expos. Paris 2004b, VI, no 55, p. 125.

150 *A la porte du Chastelet de Paris avoir ung chastel [...]de bois [...]et sur ce chastel ung lit paré, ordonné et encourtiné aussi richement de toutes choses, comme pour la chambre le roy, et estoit ce lit appellé le lit de justice; et là en ce lit par figure et par personnage se gésoit madame sainte Anne. Ou plain de ce chastel [...]avoit une [...]ramée [...] Et de ce bois ou ramée [...]yssi ung blanc cerf delés (A esles d'or et couronné au col d'une grande couronne d'or, et s'adrescha le cerf) le lit de justice.* Voir : Froissart (1872), p. XIV, p.10s.

151 *[...] devant le Chastellet où avoit moult bel mystere; car là avoit droit encontre le Chastelet à venir de front de lit de justice; là avoit un enffent* (enfant) *du grant du Roy et de son age, vestu en estat royal, hausse vermeille et chapperon fourré, deux couronnes pendans qui estoient trèsriches à veoir à ung chascun sur sa teste[...].* Voir : Hanley 1983, p. 30, note 42.

152 Guenée/ Lehoux 1968, p. 62s. – Minois 2005, p. 316–320.

153 *Item devant le Chastelet, estoit l'Annunciation faite par l'angle aux pastouriaus, chantant Gloria in excelsis Deo. Et au dessoubz de la porte estoit le Lit de justice, La Loy divine, la Loy de nature et la Loy humaine. Et a l'autre costé, contre la Boucherie, estoient le Jugement, paradis et Enfer. Et au milieu estoit saint Michiel l'Angle, qui pesoit les ames.* Voir : Monstrelet (1857–1862), t. 5, p. 301s. – Hanley 1983, surtout chapitre I.

154 Brown/Famiglietti 1994, p. 24s.

155 *Ce jour Guillaume de Feuilloy valet de chambre du Roy apporta au Parlement de par le Roy, un ciel, une couverture et un chevecier, avec quatre oreillers tous neufs de velvet, semez de fleurs de lis d'or aux armes de France, pour tendre et asseoir en la chambre du Parlement, quant il plaira au Roy d'y venir.* Paris, Archives Nationales, Xia 1469, fol.146[v] *[...] (24 juillet 1366).* – Hanley 1983, p. 15.

156 Hanley 1983, p. 17, notes 7 et 8.

157 München, Bayerische Staatsbibliothek, cod. gall. 6, fol.2[v]

158 Durrieu 1909.

159 Schaefer 1994, p. 180–192. – Cat.expos. Paris 2003 no 32, p. 272–278 (avec bibliographie). – Inglis 2011, p. 122–126, fig. 118.

160 Dauvet (1952/53), t. 1, p. 34. – Vale 1974, p. 130.

161 Mollat du Jourdin 1988.

162 *Puis ay vu par mistere / Monter un argentier / Le plus grand de la terre / Marchand et financier, / Que depuis par fortune / Vis mourir en exil / Après bonté mainte une / Faite au Roy par ichil.*- Chastellain (1881–1891), t. 5, p. 104, note 3. – Inglis 2011, p. 128s.

163 *L'entrée située sur la rue de la chaussée est grande, et belle, et est surmontée de l'effigie du roi Charles VII armé de pied an cap en action de combattant, l'épée haute sur un cheval caparaçonné. Cette effigie est de pierre de taille plus grande que nature.* – Mérindol 1985, p. 162, note 36.

164 Vale 1974, fig.7. – Inglis 2011, p. 112, fig. 110 et p. 129, fig. 123.

165 Grâce à l'importante biographie de Jacques Cœur publiée par Michel Mollat du Jourdin en 1988, non seulement les sources ont été réexaminées, mais cette personnalité d'entrepreneur exceptionnel y apparaît avec tous ses traits de caractères, ses convictions et son immense réseau de relations.

166 Inglis 2011, p. 227, note 97: Milanesi (1865), p. 7–62.

167 Mollat du Jourdin 1988, p. 337: *chambre de tapisserie à champ vermeil faite à sers vollants et aux armes du roy, comportant cinq pièces.* – Voir Vale 1974, p. 135. – Mérindol 1985, p. 160 et p. 162 – Cavallo 1993, p. 182.

168 Mollat du Jourdin 1988, p. 335–338.

169 Gruel (1890).

170 Brassat 1992, p. 164s., no. 3 – Cat.expos. Paris 2003, no 19, p. 166–168, avec quatre fig.

171 *La tappicerie de l'istoire de Fremigny, contenant six pièces et un banchier, icelle garnie pour tendre.*

172 Paris, Bibliothèque nationale de France, dép. des manuscrits, NAF 5174, fol. 40 et fol. 41.

173 Blason de Richemont: *D'hermine au lambel de gueules, les trois pendants chargés de trois léopards d'or.*

174 Minois 2005, p. 104–106.

175 Inglis 2011, p. 85s.

176 Beaucourt 1881–1891, t. 3, p. 137. – Inglis 2011, p. 116, note 47.

177 Paris, Bibliothèque nationale de France, ms.fr. 2701, fol. 94. – Beaucourt, 1881–1891, t. 5, p. 24, note 1. – Inglis 2011, p. 118, note 77.

178 Minois 2005, p. 105.

179 Suivant le modèle des révoltes des Hussites à Prague, on nommait « Praguerie » une révolte de la noblesse française, qui boycottait les réformes militaires de Charles VII.

180 Berlin, Staatliche Museen, Kupferstichkabinett, KdZ 4367 et Paris, Musée du Louvre, dép. des peintures, Inv. 9619. – Schaefer 1994, p. 199–203.

181 Paris, Musée du Louvre, Tapisserie aux armes de Guillaume Jouvenel des Ursins, dép. des objets d'art, Inv.OA 10373. – Par le style de ses plantes à longues tiges et des feuilles arrondies aux reflets lumineux tissés de soie jaune, cette tapisserie de manufacture plutôt grossière ne peut être datée que du dernier quart du XVe siècle.

182 « Extraits des Registres de la chambre des Comptes » à Paris (par Georges Galland), Paris, Bibliothèque nationale de France, ms.lat.18'347, fol. 29[r]-fol.38[v]. – Le même archiviste George Galland (en collaboration avec son fils Auguste) est le compilateur du *Recueil de pièces sur l'histoire de France* en plusieurs volumes, également à la Bibliothèque nationale de France.

183 Du 1er janvier au 30 juin 1445 apparaissent dans les comptes de Dreux Budé des sommes versées à Guillaume de May: *pro factione et gravacione magni sigilli et contra sigilli regis nuper per eum factorum,* voir Dalas 1991, p. 250, note 1 (Bibliothèque nationale de France, ms.lat. 18'347, fol. 37). – *Pro uno coffreto ad ponendum magnum sigillum* (Paris, Bibliothèque nationale de France, ms.lat. 18'347, fol. 29[r]).

184 En avril 1468, Louis XI lui adresse une lettre : *A nostre ame et feal conseiller maistre Dreux Bude, audiencier de nostre chancellerie et garde des chartes de nostre tresor a Paris* (Paris, Bibliothèque nationale de France, Coll.Dupuy, t. 746, fol. 109).

185 Sterling 1990. – Cat.expos. Paris 1994, p. 53–58.

186 Schaefer 1994, p. 44.

187 Schaefer 1994, p. 139–151. – Cat.expos. Paris 2003, no 8, p. 121–130.

188 *La ste Vierge sous les traits d'AGNES SOREL maîtresse de Charles VII Roi de France morte en 1450.* – Schaefer 1994, p. 291.

189 Paris, Louvre Inv.OA 56 et Berlin, Kunstgewerbemuseum Köpenick, Inv. 1891,168. **[M 13, p. 76 + M 14, p. 77]** – Schaefer 1994, p.139–151 et p. 290–292. – Cat.expos. Paris 2003, p.121–137 (Dominique Thiébaut).

190 Cat.expos. Paris 2003, p.164s., no.18: Paris, Musée national du Moyen Âge, Inv.Cl.1037a.

191 Beaucourt 1881–1891, t. 6, p. 401.

192 Beaucourt 1881–1891, t .6, p. 409s.

193 Minois 2005, p. 639s.

194 Beaucourt 1881–1891, t. 6, p. 411s.

195 Il est tout-à-fait possible que les « Neuf Preuses » figurant dans l'inventaire de Charles VI correspondent aux quatre tapisseries connues par le blason de Berry et offertes en cadeau par le duc Jean de Berry à Charles VI. Voir : Guiffrey, 1887, p. 64; p. 90, no 151 et p. 91, no 153. – Champeaux/Gauchery 1894, p. 180s.

196 Cat.expos. Paris 2004b, p. 68–71; p. 80–90; p. 113–125.

197 Cat.expos. Paris 2004b, no 95, p. 174–177.

198 Rapp/Stucky 2001, p. 401 et p. 405s.

199 *Le bon roi* René à Aix-en-Provence a tenu une savante cour de lettrés et rédigeait lui-même des œuvres: *Traité de la forme et devis comme on fait les tournois* (1451/52), *le Mortifiement de vaine plaisance* (1455) et *Le Livre du cœur d'amour épris* (1457). Une feuille du *livre du coeur d'amour épris* présente d'ailleurs sans citer son nom Charles VII avec son emblème du *cerf volant.* Voir : Mérindol 1985.

200 Paris, Bibliothèque nationale de France, ms.lat. 1156A, fol. 81[v].

201 *En non es homs, que pogues escrieure ni recontar la valor, la beautat, la noblesa d'aquelos draps [...].* – Planchenault 1941, p. 136.

202 Cazelles/Rathofer 1988, p. 216.

203 Cat.expos. Bourges 2004.

204 Cat.expos. Paris 2003, no 24.8, fig. p. 190.

205 *A Henry d'Aubresque, paintre du Roy, demeurant à Bourges, pour avoir peint trois lances des trois couleurs rouge, blanc et pers, VI livres Tournois*: Paris, Archives nationales KK 53, fol.161. – Beaucourt 1881–1891, t. 6, p. 414.

206 Beaucourt 1881–1891, t. 6, p. 415–418.

207 Minois 2005, p. 627. – Simon de Varye possédait également un précieux manuscrit que Jean Fouquet avait illuminé.

208 *[...] il quale fe(ce) a Roma papa Eugenio e du' altri de' suoi appresso dilui, che veramente parevano vivi proprio, i quali dipinse in su'uno panno, il quale fu collocato nella sagrestia della Minerva. Io dico cosi, perché a mio tempo li dipinse.* – En 1550 a repris Vasari l'éloge de Filarete sur « Giovanni Fochetta » (Jean Fouquet) dans ses *Vite de'piu ecellenti architetti, pittori, et scultori italiani.* – Cat.expos. Paris 2003, no 2, p. 96–98, fig. p. 97.

209 Eberlein 1982 et Wolf 2002.

210 Dans le manuscrit *Traité sur l'oraison dominicale* à Bruxelles, Bibl. Royale, ms. 9092, fol. 9[v] (Rapp/Stucky 2001, p. 394, fig. 315) Philippe le Bon est représenté en oraison dans une unité architecturale, séparée du sanctuaire par des rideaux.

211 Je dois à mon collègue bâlois Dieter Koepplin cette précieuse information. – Paris, Bibliothèque nationale de France, ms. lat. 1156A, fol.81^{v}; voir : Ring 1949, p. 19, fig. 5.

212 Beaucourt 1881–1891, t. 4, p. 83, note 2.

213 *C'EST LE PORTRAICT AU VRAY DU TRES CHRESTIEN ET TRES VICTORIEUX PRINCE CHARLES ROY DE FRANCE, SEPTIESME DE CE NOM, SURNOMME LE CONQUERANT, QUI CHASSA DU ROYAUME LES ANGLAIS, BOURGUIGNONS ET NAVARROIS, ET LE RESTITUA EN TOUTE SPLENDEUR D'ARMES ET DE JUSTICE:* Cîté d'après Nobilleau 1869, p. 51.

214 Cat.expos. Paris 2003, p. 102, p. 105s.

215 Rapp/Stucky 2001, p. 341s.

216 Mollat du Joudin 1988, p. 308s.

217 *[...] à Jehan de Neufbourg, marchand bourgeois de Tours, VIII^{c}XXV l.* [= 825 livres], *pour une chambre de tapisserie de haute lice, houssée de soye de plusieurs sortes, à grans personnages de l'histoire de Trajan, qui fut empereur de Rome, contenant cinq grandes pièces, montant quatre cens aulnes carrées, mesure d'Amiens, donnée à la Royne.* – Beaucourt 1881–1891, t. 6, p. 419: – Rapp/Stucky 2001, p. 381, note 335.

218 Rapp/Stucky 2001, p. 397–399.

219 Rapp/Stucky 2001, p. 134–139, p. 457s.

220 Rapp/Stucky 2001, p. 434, note 42.

221 Guiffrey 1887, p. 59–110.

222 La matière la plus souvent mentionnée a été la soie brodée ou non-brodée (*soye, soye perse, satin, taffetaz, sendal, serge*), mais aussi des tapis noués ou velus (*tapis veluz*), de la toile ou de simples draps.

223 Parmi celles-ci se trouvaient les deux « Tournois de Saint-Denis et Saint-Inglevert », l'« Histoire de Bertrand Duguesclin », l'« Histoire de Girard de Commercy » et l'« Histoire de Lyon de Bourges », le dit *tapis Boucicaut*, la « Conquête de l'Angleterre », la « Bataille des Trente », les « Neuf Preuses », une chambre avec les allégories « Fortune et Bonne Renommée » ainsi que diverses scènes galantes et bucoliques. Voir : Guiffrey 1887, p. 408–413 et p. 433–436 ; une liste très utile de tous les sujets de tapisserie : p. 438–444.

224 Cavallo 1993, p. 94–121.

225 Champeaux/Gauchery 1894, p. 179s.

226 Mollat du Jourdin 1988, p. 336–338.

227 Dauvet (1952/53), Le Journal du procureur (fol. 123, fol. 400).

228 Mérindol 1985, p. 162; dans le Journal de Jean Dauvet fol. 497 *recto* et *verso*.

229 *Si sont les armes de hault pris et de grant excellence: du très hault roy Charles septiesme de ce nom.*

230 Schaefer 1994, p.159.

231 La « tapisserie gothique du XVe siècle aux armes de France » fut acquise pour la somme de francs français 7500.– par Gaston le Breton: voir Breton 1898, p. 97–104.

232 Rapp/ Stucky 2001, p. 246–252.

233 Rapp/Stucky 2001, p. 313–319. C'est seulement avec le règlement de 1528 que les produits d'origine bruxelloise seront obligatoirement marqués « BB » (pour Bruxelles, Brabant).

234 Rapp/Stucky 2001, p. 345s.

235 Rapp/Stucky 2001, p. 230–245.

236 Rapp/Stucky 2001, p. 246–252; p. 266–279.

237 Rapp/Stucky 2001, p. 280–289.

238 Voir aussi l'inscription du sceau de majesté FRANCORUM REX KAROLUS DEI GRATIA. **[Fig. 12, p. 24]**

Bibliographie et abréviations

Sources historiques

Bueil (1887–1889): Bueil, Jean de, éd. Favre, Camille et Lecestre, Léon, 2 vol., Paris 1887–1889.

Cagny (1902): Chroniques de Perceval de Cagny, publié pour la Société de l'Histoire de France, par H.Moranvillé, Paris 1902.

Chartier (1661): Chartier, Jean, Histoire de Charles VII, Paris 1661.

Chastellain (1863): Chastellain, Georges, Chronique, éd. Kervyn de Lettenhove, Bruxelles 1863.

Chastellain (1881–1889): Chastellain, Georges, Recollections des merveilles advenus en nostre temps, voir aussi *Beaucourt 1881–1891*, t. 5.

Clerq (1823): Clerq, Jacques du, Mémoires (1448–1467), éd. Reiffenberg, Bruxelles, 1823, 4 vol.

Dauvet (1952/53): Dauvet, Le Journal du procureur, éd. Mollat du Jourdin, Michel, Les Affaires de Jacques Coeur, 2 vol., Paris 1952/53., voir aussi *Mollat du Jourdain 1952/53.*

Deschamps (1878–1903): Œuvres complètes d'Eustache Deschamps, éd. Marquis de Queux de Saint-Hilaire, 11 vol. Paris 1878–1903.

Deschamps (1997): Eustache Deschamps en son temps, Boudet, éd. Jean Patrice und Millet, Hélène Paris 1997, voir aussi *Boudet/Millet 1997*.

Escouchy (1863/1864): Escouchy, Mathieu d', Chronique de Mathieu d'Escouchy, éd. Gaston du Fresne de Beaucourt, 3 vol. Paris 1863/1864, voir aussi *Beaucourt 1863/64*.

Froissart (1825): Les chroniques de Jean Froissart, hg. Buchon, J.A. Paris 1825, t. 10, voir aussi *Buchon 1825*.

Froissart (1872): Froissart, Jean, Œuvres de, éd. Kervyn de Lettenhove, t. 14, Chroniques, Bruxelles 1872.

Godefroy 1649: Godefroy, Théodore, Le Cérémonial françois, Paris 1649.

Golein (1372): Golein, Jean, Traité du sacre des rois, 1372: Jackson, Richard A., The Traite du sacre of Jean Golein, dans : Proceedings of the American Philosophical Society, t. 113, no 4 (1969).

Gruel (1890): Gruel, Guillaume, Chronique d'Arthur de Richemont, connétable de France, duc de Bretagne (1373–1458), éd. Le Vavasseur, A., Paris 1890.

Héraut Berry (1979): Bouvier, Gilles de, dit le Héraut Berry, Les Chroniques du roi Charles VII, première édition imprimée sortie chez Pasquier Bonhomme (1476), éd. Henri Courteault et Léonce Celier, Paris 1979.

Jouvenel des Ursins (1875): Jouvenel des Ursins, Jean, Chronique de Charles VI, dans: Choix de Chroniques et Mémoires relatifs à l'histoire de France. éd. Jean Alexandre C.Buchon, t. 4, Paris 1875, voir aussi *Buchon 1875*.

Mézières (1969): Mézières, Philippe de, Le Songe du Pélerin, éd. George William Coopland, Cambridge 1969, t. 1.

Monstrelet (1857–1862): Monstrelet, Enguerrand de, Chronique, éd. L.Douet-d'Arcq, Paris 1857–1862.

Protestations 1560: Protestations du treschrestien Roy de France, Charles VII, sur la determination du Concile de Basle, Paris 15 janvier 1560 (imprimées par Guillaume Nyuerd et Gilles Corrozet, postface par N.Lvillier)

Expositions

Cat.expos. Bourges 2000: Une fondation disparue de Jean de France, duc de Berry, La Sainte-Chapelle de Bourges, Bourges.

Cat.expos. Essen 2002: Gerchow Jan, éd. Ebenbilder. Kopien von Körpern – Modelle des Menschen. Exposition Essen (Ruhrlandmuseum) 2002, voir aussi *Gerchow 2002*.

Cat.expos. Paris 1973/74: Chefs-d'Œuvre de tapisserie du XVe au XVIe siècles. Exposition, Paris (Grand Palais) 1973/74.

Cat.expos. Paris 1993/94: Avril, François et Reynaud, Nicole, Les Manuscrits à peintures en France, 1440–1520. Exposition, Paris (Bibliothèque Nationale de France) 1993/94.

Cat.expos. Paris 2003: Avril, François (éd.) Jean Fouquet. Peintre et enlumineur du XVe siècle. Exposition (Bibliothèque Nationale de France) Paris 2003.

Cat.expos. Paris 2004a: Thiébaut, Dominique, éd. (et coll. Lorentz Philippe und Martin, François-René), Primitifs français. Découvertes et redécouvertes, Paris 2004.

Cat.expos. Paris 2004b: Paris 1400: Les arts sous Charles VI, Exposition (Musée du Louvre) 2004.

Publications

Antoine 2010: Antoine, Elisabeth, Le dais de Charles VII. Une acquisition exceptionelle pour le Louvre. Société des Amis du Louvre dans: « Dossier de l'Art », Dijon 2010.

Bak 1990: Bak, Janos M. (éd.) Coronations. Medieval and Early Monarchic Ritual, Berkeley, Los Angeles, Oxford 1990.

Bath 1992: Bath Michael, The Image of the stag. Iconographic Themes in Western Art, Baden-Baden 1992.

Beaucourt 1863/64: Escouchy, Mathieu d', Chronique de Mathieu d'Escouchy, éd. Gaston du Fresne de Beaucourt, 3 vol., Paris 1863/1864.

Beaucourt 1881–1891: Fresne, Gaston-Louis-Emmanuel, du, marquis de Beaucourt, Histoire de Charles VII, 6 vol., Paris 1881–1891.

Bonne 1990: Bonne, Jean Claude, The Manuscripts of the Ordo of 1250 and Its Illuminations, dans: Bak , Janos M. (éd.) Coronations. Medieval and Early Monarchic Ritual, Berkeley, Los Angeles, Oxford 1990.

Boudet/Millet 1997: Boudet, Jean Patrice und Millet, Hélène Eustache Deschamps en son temps, Paris 1997.

Boudet 2004: Boudet, Jean-Patrice, Le roi-soleil dans la France médiévale, dans: Micrologus, Natura, Scienze e Società Medievali, Il sole e la luna, t. 12 (2004), Firenze.

Brassat 1992: Brassat, Wolfgang, Tapisserien und Politik. Funktionen, Kontexte und Rezeption eines repräsentativen Mediums, Berlin 1992.

Breton 1898: Breton, Gaston le, Notices sur deux anciennes tapisseries du Musée des Antiquités de Rouen, dans: Réunion des sociétés des beaux arts des départements, Paris 1898.

Brion-Guerry 1962: Brion-Guerry, Liliane, Jean Pélerin Viator. Sa place dans l'histoire de la perspective, Paris 1962.

Brown/Famiglietti 1994: Brown, Elizabeth A. R. und Famiglietti, Richard C. The Lit de Justice. Semantics, Ceremonial, and the Parlement of Paris 1300–1600 (Beihefte der Francia 31), Thorbecke, Sigmaringen 1994.

Bryant 1990: Bryant, Lawrence M., Medieval Entry Ceremony at Paris, dans: Bak, Janos M. (éd.) Coronations. Medieval and Early Monarchic Ritual, Berkeley, Los Angeles, Oxford 1990.

Buchon 1825: Buchon, J.A. éd. Les chroniques de Jean Froissart, t. 10, Paris 1825.

Byrne 1981: Byrne, Donald, Rex imago Dei: Charles V of France and the *Livre des propriétés des choses,* dans: Journal of Medieval History, t. 7.1 (1981).

Campbell/Van der Stock 2009: Campbell, Lorne et Van der Stock, Rogier van der Weyden, Leuven 2009.

Cau 1990: Cau, Christian, Les capitouls de Toulouse. L'intégrale des portraits des Annales de la Ville 1352–1778, Toulouse 1990.

Cavallo 1993: Cavallo, Adolfo, Medieval Tapestries in The Metropolitan Museum of Art, New York 1993.

Cazelles/Rathofer 1988: Cazelles, Raymond et Rathofer, Johannes, Das Stundenbuch des Duc de Berry. Les Très Riches Heures (introduction Umberto Eco), Luzern (Faksimile Verlag) 1988.

Champeaux/Gauchery 1894: Champeaux, Alfred de et Gauchery P., Les travaux d'art exécutés pour Jean de France Duc de Berry, Paris 1894.

Châtelet 1996: Châtelet André, Jacob de Littemont, dans: Cahiers d'archéologie et d'histoire du Berry, Mélanges offerts à Jean-Yves Ribault (1996).

Dalas 1991: Dalas, Martine, Corpus des sceaux français du Moyen Age, t. 2: Les sceaux des rois et de régence, Paris 1991.

Duby 1999: Duby, Georges et Andrée, Les procès de Jeanne d'Arc, Berlin 1999.

Eberlein 1982: Eberlein, Johann Konrad, Apparitio regis-relevatio veritatis. Studien zur Darstellung des Vorhangs in der bildenden Kunst von der Spätantike bis zum Ende des Mittelalters, Würzburg (Diss.) 1982.

Filhol 1962: Filhol, René, La rédaction des coutumes en France aux XVe et XVIe siècles, dans: La rédaction des coutumes dans le passé et dans le présent, Bruxelles 1962.

Franchon-Gielarek 1992: Franchon-Gielarek, Nathalie, Les restaurations des verrières royales de la cathédrale Saint-Etienne de Toulouse. Les vitraux de Narbonne, L'essor du vitrail gothique dans le Sud de l'Europe, dans: Actes du 2e colloque d'histoire de l'art méridional au Moyen-Age à Narbonne 1990, Narbonne (1992).

Gerchow 2002: Gerchow, Jan, Körper der Erinnerung. Votiv-, Stifter und Grabbilder im Spätmittelalter, dans: Cat.expos. Essen 2002 (Ruhrlandmuseum) Ebenbilder. Kopien von Körpern – Modelle des Menschen, éd. Jan Gerchow.

Giesey 1960: Giesey, Ralph, The Royal Funeral Ceremony in Renaissance France, dans: Travaux d'Humanisme et Renaissance, t. 37, Genève 1960.

Goldman 2002: Goldman, P., Quelques notes sur les artistes de Bourges à la fin du Moyen Âge et au début de la Renaissance, dans: Cahiers d'archéologie et d'histoire de Berry, no 152 (2002).

Gousset 2003: Gousset, Marie Thérèse, Fouquet et l'art de la géometrie, dans: Avril, François (éd.) Jean Fouquet. Peintre et enlumineur du XVe siècle. Exposition Paris 2003 (Bibliothèque Nationale de France).

Grinberg 1997: Grinberg, Martine, La rédaction des coutumes et les droits seigneuriaux: nommer, classer, exclure, dans: Annales. Histoire Sciences sociales, t. 52, no. 5 (1997).

Grodecki 1975: Grodecki, Louis, Le Maître des vîtreaux de Jacques Cœur, dans: Etudes d'art offertes à Charles Sterling, Paris 1975.

Guenée/Lehoux 1968: Guenée, Bernard et Lehoux, Françoise, Les entrées royales françaises de 1328–1515, (Sources d'histoire médiévale t. 5), Paris 1968.

Guerot 1950: Guerot, Jean, Le Palais de la Cité à Paris des origines à 1417, dans: Fédération des sociétés historiques et archéologiques de Paris et de l'Ile de France, Mémoires, t. 2, Paris 1950.

Guiffrey 1887: Guiffrey, Jules, Inventaire des tapisseries du roi Charles VI vendues par les Anglais en 1422, dans: Bibliothèque de l'école des Chartes, t. 48, Paris 1887.

Hanley 1983: Hanley Sarah, The Lit de justice of the King of France: Constitutional Ideology in Legend, Ritual and Discourse, Princeton 1983.

Inglis 2011: Inglis, Erik, Jean Fouquet and the Invention of France, New Haven et London 2011.

Jackson 1969: Jackson, Richard A., The Traite du sacre of Jean Golein, dans: Proceedings of the American Philosophical Society t. 113, no 4, (1969).

Jackson 1984: Jackson, Richard A.J, Vive le roi! A History of he French Coronation from Charles V to Charles X, Chapel Hill /London 1984.

Johanek/Lampen 2009: Johanek Peter et Lampen Angelika, éd. Adventus. Studien zum herrscherlichen Einzug in die Stadt, Wien 2009.

Joubert/Lefébure/Bertrand 1995: Joubert, Fabienne, Lefébure, Amaury et Bertrand, Pascal-François, Histoire de la tapisserie, Paris 1995.

Kantorowicz 1957: Kantorowicz, Ernest H., The King's Two Bodies, Princeton 1957.

Koeppel 1969: Koeppel, Gerhard, Profectio und Adventus (Inaugural-Dissertation), dans: Bonner Jahrbücher 169 (1969).

Kurmann 1888: Kurmann, Brigitte, Französische Glasmalereien. Ein Atelier in Bourges und Riom, Bern 1988.

Le Goff 1990: Le Goff, Jacques, A Coronation Program for the Age of Saint Louis: The Ordo of 1250, dans: Janos M.Bak (éd.) Coronations. Medieval and Early Monarchic Ritual, Berkeley, Los Angeles, Oxford 1990.

Lehnen 1997: Lehnen, Joachim, Adventus principis. Untersuchungen zu Sinngehalt und Zeremoniell der Kaiserankunft in den Städten des Imperium Romanum, Frankfurt a/M 1997.

Liocourt 1974 et 1981: Liocourt, Colonel de, La mission de Jeanne d'Arc, Paris, 2 vol., Paris 1974 et 1981.

Lombard 1991: Lombard-Jourdan, Anne, Fleurs de lis et oriflamme, signes céléstes du royaume de France, Paris 1991 (préface par Jacques le Goff).

Martin 1947: Martin, Paul, La tapisserie royale des « Cerfs-volants », dans: Bulletin Monumental, t.105, (1947).

Mérindol 1985: Mérindol, Christian de, L'emblématique des demeures et chapelles de Jacques Cœur. Une nouvelle lecture. La grande loge de Montpellier et les monuments de Bourges, dans: Etudes languedociennes, Actes du 110e Congrès national des sociétés savantes, Montpellier 1985, Histoire médiévale, t. 2, Paris 1985.

Mérindol 1986: Mérindol, Christian de, Une bannière attribuée à Charles VII, in: Annuaire de la Société française de vexillologie (t. 1), 1986.

Mérindol 1992a: Mérindol, Christian de, Le prince et son cortège. La théâtralisation des signes du pouvoir à la fin du Moyen Age, dans: Actes des congrès de la Société des historiens médiévistes de l'enseignement supérieur public , Année 1992, t. 23, no. 23 (1992).

Mérindol 1992b: Mérindol, Charles de, Le Retable du Parlement de Paris, nouvelles lectures, dans: Histoires de la Justice no.5 (1992).

Mérindol 1993: Mérindol, Christian de, Les fêtes de chevalerie à la cour du Roi René, Paris 1993.

Mérindol 1996: Mérindol, Christian de, La symbolique royale à Toulouse capitale du Languedoc au XVe s. La Verrière royale de la cathédrale Saint-Etienne, dans: Revue française d'héraldique et de sigillographie, t. 66 (1996).

Mérindol 1997a: Mérindol, Christian de, Les portraits du roi Charles VII, mise au point de nouveaux documents, dans: Bulletin de la Société des antiquaires de France (1997).

Mérindol 1997b: Mérindol, Christian de, Le roi Charles VII et les symboles de la justice, dans: Revue de la Société internationale d'Histoire de la Profession d'Avocat, n° 9 (1997).

Milanesi (1865): Milanesi, G., éd., Il viaggio degli ambasciatori fiorentini al re di Francia nel MCCCCLXI descritto da Giovanni di Francesco di Neri Cecchi, loro cancelliere, dans: Archivio storico italiano, 3e série, t. 1 (1865).

Minois 2005: Minois, Georges, Charles VII. Un roi shakespearien, Perrin 2005.

Mollat du Jourdin 1952/53: Mollat du Jourdin, Michel, éd. Les Affaires de Jacques Cœur. Journal du Procureur Dauvet, 2 vol., Paris 1952–53.

Mollat du Joudin 1988: Mollat du Jourdin, Michel, Jacques Cœur ou l'Esprit d'Entreprise au XVe siècle, dans: Collection historique (fondée par Paul Lemerle et dirigée par Maurice Agulhon et Bernard Guenée), Aubier 1988.

Mollat du Jourdin 1992: Mollat du Jourdin, Michel, La guerre de Cents Ans vue par ceux qui l'ont vécue, Paris 1992 (Première version en 1975 en néerlandais: De Honderdjarige Oorlog).

Nelson 1990: Nelson, Janel L., Hincmar of Reimson king-making: The Evidence of the Annals of St.Bertin, 861–882, dans: Bak, Janos M. (éd.) Coronations. Medieval and Early Monarchic Ritual, Berkeley / Los Angeles/ Oxford 1990.

Planchenault 1941: Planchenault, René, A propos d'un transport en Provence de l'Apocalypse d'Angers, dans: Bulletin de la Société Nationale des Antiquaires de France (1941).

Queux de Saint-Hilaire 1878–1903: Œuvres complètes d'Eustache Deschamps, éd. Marquis de Queux de Saint-Hilaire, 11 vol., Paris 1878–1903.

Quicherat 1841–1849: Quicherat, Jules, éd. Procès de condamnation et de réhabilitation de Jeanne d'Arc, dite la Pucelle, dans: Société de l'histoire de France, 5 vol. Paris 1841–1849.

Rapp/Stucky 1990: Rapp Buri, Anna et Stucky-Schürer, Monica, Burgundische Tapisserien, München 2001.

Rapp/Stucky 2001: Rapp Buri, Anna et Stucky-Schürer, Monica, zahm und wild. Basler und Strassburger Bildteppiche des 15. Jahrhunderts. Mainz 1990.

Reynaud 1981: Reynaud, Nicole, Jean Fouquet, Paris 1981.

Ring 1949: Ring, Grete, La peinture française du XVe siècle, London 1949.

Schaefer 1994: Schaefer, Claude, Jean Fouquet. An der Schwelle zur Renaissance, Dresden-Basel 1994.

Schirmer-Imhoff 1978: Schirmer-Imhoff, Ruth, (trad. et éd). Der Prozess Jeanne d'Arc. Akten und Protokolle 1431 et 1456, München 1978, 3e éd.

Schramm 1960: Schramm, Percy Ernst, Der König von Frankreich, 2 t., 1939 (seconde éd. Weimar 1960).

Sterling 1990: Sterling, Charles, La peinture médiévale à Paris 1350–1500, t. 1, Paris 1987; t. 2, Paris 1990.

Thiébaut/Salmon 2012: Thiébaut, Dominique et Salmon, Dimitri, Attribué à Jean Malouel: Le Christ de Pitié, Paris 2012.

Thomas 2000: Thomas, Heinz, Jeanne d'Arc, Jungfrau und Tochter Gottes, Berlin 2000.

Vaivre 1982: Vaivre Jean-Bernard de, Les cerfs ailés et la tapisserie de Rouen, dans: Gazette des Beaux-Arts, t. 2 (1982), p. 93–108.

Vale 1969: Vale, Malcolm G. A., The livery colours of Charles VII in two works by Fouquet, dans: Gazette des Beaux-Arts 71 (1969).

Vale 1974: Vale, Malcolm G.A., Charles VII, London 1974.

Vallet de Viriville 1863–1865: Vallet de Viriville, Auguste, Histoire de Charles VII roi de France et de son époque 1403–1461, Paris 1863–1865.

Wolf 2002: Wolf, Gerhard, Schleier und Spiegel. Traditionen des Christusbildes und die Bildkonzepte der Renaissance, München 2002.

Illustrations et copyright

(M renvoie aux illustrations qui sont placées en marge du texte)

1 « Un couronnement perpétuel », tapisserie du trône, Tournai, entre 1453 et 1461. Paris, Musée du Louvre.
© RMN-Grand Palais (musée du Louvre) / Martine Beck-Coppola

2+3 Les deux anges, détail fig. 1.
© RMN-Grand Palais (musée du Louvre) / Martine Beck-Coppola

4+5 Têtes des deux anges, détail fig. 1.

6 Revers de la tapisserie du trône.
© M.Speltdoorn – De Wit Royal Manufacturers, Belgium

7 La couronne, détail fig. 1.
© RMN-Grand Palais (musée du Louvre) / Martine Beck-Coppola

8 « La couronne de fer des Lombards », entre V^e et IXe siècles. Monza, Trésor de la cathédrale.
© Museo e Tesoro del Duomo di Monza

M1 Ecu d'or de la ville de Toulouse.

9 Sceau delphinal royal du futur Charles VII, empreinte. Paris, Archives nationales, St 7722.
© SCN Archives nationales

10 Sceau du parlement de Paris, empreinte. Paris, Archives nationales, St 8046.
© SCN Archives nationales

11 Sceau du parlement du Languedoc, 1449, empreinte. Paris, Archives nationales, St 7800.
© SCN Archives nationales

12+M2 Deuxième sceau de majesté et contre-sceau, 1445, empreinte. Paris, Archives nationales, St 7955 et St 7955bis.
© SCN Archives nationales

13 Vranck van der Stockt (?) (avant 1424–1495), Deux anges, dessin à l'encre. Paris, Musée du Louvre.
© RMN-Grand Palais (musée du Louvre) / Martine Beck-Coppola

14+M3 Barthélémy l'Anglais, *Livre de propriété des choses*. Paris, Bibliothèque nationale de France, ms.fr.135, fol.26.
© Paris, BnF

15+M4 Philippe de Mézières, *Epistre au roi Richart*, 1395. London, British Library, Ms.Royal 20 B VI, fol.2.
© The British Library Board

M5 Dessin de reconstitution du trône (© Sabina Stucky, Basel)

16 Jean Fouquet, *Grandes Chroniques de France*. Paris, Bibliothèque nationale de France, ms.fr.6465, fol.434^v.
© Paris, BnF

17 Jean Fouquet, Charles VII, entre 1450 et 1455. Paris, Musée du Louvre.
© RMN-Grand Palais (musée du Louvre)/Gérard Blot

18 « L'arrivée de Jeanne d'Arc au château de Chinon », tapisserie, Bâle environ 1490. Orléans, Musée Historique (Maison Cabu).
© RMN-Grand Palais / Agence Bulloz

19 Jean Chartier, *Chronique de Charles VII*. Paris, Bibliothèque nationale de France, ms.fr.2691, fol.1.
© Paris, BnF

20 « *Les cerfs volants* », tapisserie, Tournai, entre 1453 et 1461. Rouen, Musée départemental des Antiquités de la Seine-Maritime.
© cg76 – Musée départemental des Antiquités – Rouen, cliché Yohann Deslandes

21 Philippe de Mézières, *Le songe du vieil Pélerin*. Paris, Bibliothèque de l'Arsenal, ms.2682-3, fol.34^r
© Paris, BnF

M6 *Le Pennon* de Charles VI. Paris, Louvre, Cour Carrée.
©RMN-Grand Palais (musée du Louvre) / Jean-Gilles Berizzi

22 Casque de Charles VI, copie. Paris, Louvre, Cour Carrée.

23 La tapisserie aux cerfs volants, détail fig. 33.
© Bayerische Staatsbibliothek München, cod. Gall.6, fol.2^v

24 Iris et fleurs de lys, détail fig. 20.
© cg76 – Musée départemental des Antiquités – Rouen, cliché Yohann Deslandes

M7 Jean Fouquet, *Statuts de l'ordre de Saint Michel*, environ 1470. Paris, Bibliothèque nationale de France, ms.fr.19819, fol.1.
© Paris, BnF

25 L'Adoration des Rois mages, Jean Fouquet, *Les Heures d'Etienne Chevalier*, entre 1452 et 1461. Chantilly, Musée Condé.
© RMN-Grand Palais (domaine de Chantilly) / René-Gabriel Ojéda

26 « Couples courtois devant des rosiers », tapisserie, Tournai, entre 1450 et 1460. New York, Metropolitan Museum.
Image © The Metropolitan Museum of Art

27+M8 *Livre d'Heures de Jean duc de Bedford*, environ 1430. London, British Library, Add.MS 18850, fol. 288^v.
Copyright © The British Library Board

28 Le couronnement du roi Clovis, détail de la de la première tapisserie. Tournai, entre 1460 et 1465. Reims, Palais du Tau.
© Pascal Lemaître / Centre des monuments nationaux

29 L'« Histoire du roi Clovis », moitié droite de la deuxième tapisserie, Tournai, entre 1460 et 1465. Reims, Palais du Tau.
© Pascal Lemaître / Centre des monuments nationaux

30+M9 Enguerrand de Monstrelet, *Chronique*, Paris, Bibliothèque nationale de France, ms.fr. 2679, fol. 322v.
© Paris, BnF

31 *Chronique* 141, 1447–1448. Toulouse, Archives municipales, BB ms. 273.
© Toulouse- Archives municipales

32 Christine de Pisan, *Œuvres*. Paris, environ 1413. London, British Library, Harley 4431, t.1, fol. 3.
Copyright © The British Library Board

33+M10 Jean Fouquet, *Lit de justice* de Vendôme, tiré de Boccace, *De cas des nobles hommes et femmes*, entre 1459 et1460. München, Bayerische Staatsbibliothek, cod.Gall.6, fol. 2v.
© Bayerische Staatsbibliothek München

M11 Navire marchand de la flotte de Jacques Cœur, relief. Bourges, Palais Jacques Cœur, chambre des Galées.
© Alain Lonchampt / Centre des monuments nationaux

34 Le linteau de la porte aux cerfs volants et aux fleurs de lys. Bourges, Palais Jacques Cœur, salle des Festins.
© Philippe Berthé / Centre des monuments nationaux

35+36 « La bataille de Formigny », d'après un projet de Jean Fouquet (?). Dessin à l'encre (1621). Paris, Bibliothèque nationale de France, dép. des manuscrits, NAF 5174, fol. 40 et fol. 41.
© Paris, BnF

37+38 Etudes de têtes d'homme tirées de la « Bataille de Formigny », d'après un projet de Jean Fouquet (?). Dessin à l'encre (1621). Paris, Bibliothèque nationale de France, dép. des manuscrits, NAF 5174, fol. 42 et fol. 43.
© Paris, BnF

39 Jean Fouquet, Portrait de Guillaume Jouvenel des Ursins, pastel, entre 1460 et 1465. Berlin, Staatliche Museen, Kupferstichkabinett.
© bpk / Kupferstichkabinett, SMB / Jörg P.Anders

40 Jean Fouquet, Portrait de Guillaume Jouvenal des Ursins (volet gauche d'un diptyque), entre 1460 et 1465. Paris, Musée du Louvre.
© RMN-Grand Palais (musée du Louvre) / Gérard

M12 Tapisserie héraldique de la famille des Jouvenel des Ursins, détail, entre 1480 et 1490. Paris, Musée du Louvre.
© RMN-Grand Palais (musée du Louvre) / Martine Beck-Coppola

41 Jean Fouquet, Etienne Chevalier et saint Etienne, (volet gauche de l'« Autel de Melun »), entre 1452 et 1455. Berlin, Staatliche Museen (Gemäldegalerie).
bpk / Gemäldegalerie, SMB / Jörg P.Anders

42 Jean Fouquet, La Vierge à l'Enfant (volet droit de l'« Autel de Melun »), entre 1452 et 1455, Anvers, Koniklijk Museum voor Schone Kunsten.
Copyright: Royal Museum for Fine Arts Antwerp © Lukas-Art in Flanders, vzw, photo Hugo Maertens

M13 Jean Fouquet, Autoportrait, médaillon emaillé, Paris, Musée du Louvre.

M14 Jean Fouquet, « L'élection des diacres parmi les croyants éclairés », médaillon émaillé. Berlin, Kunstgewerbemuseum (Schloss Köpenick, disparu pendant la Seconde Guerre mondiale).

43 Jean Fouquet, rondel au monogramme « LG » (Laurent Girard), peinture sur verre, environ 1460. Paris, Musée national du Moyen Âge.
© RMN-Grand Palais (musée de Cluny - musée national du Moyen Âge) / Jean-Gilles Berizzi

44+M15 Portrait du roi René, Maître de Rohan, *Livre d'Heures des ducs d'Anjou*, entre 1435 et 1436. Paris, Bibliothèque nationale de France, ms. lat. 1156A, fol.81v.
© Paris, BnF

45+M16 Les Frères de Limbourg, *Les Très Riches Heures du duc de Berry* : Scène du Nouvel An, entre 1410 et 1416. Chantilly, Musée Condé, ms.65, fol.1v.
© RMN-Grand Palais (domaine de Chantilly) / René-Gabriel Ojéda

46 *Les Armes du Roy Charles*, la « Tapisserie de Monsieur de la Rochefoucauld », dessin colorié du XVIIe siècle. Paris, Bibliothèque nationale de France, Estampes, Pc 18, fol.1.
© Paris, BnF

47 L'Ascension d'Alexandre, détail de la seconde tapisserie de l' « Histoire d'Alexandre le Grand », Tournai, entre 1450 et 1460. Genova, Palazzo del Principe, coll. Doria Pamphilj.
© M.Speltdoorn – De Wit Royal Manufacturers, Belgium

48 Le « Chevalier au cygne », la seconde tapisserie, Tournai, entre 1450 et 1460. Krakow, Museum Wawel.
© Krakow, Zamek Krolewski na Wawelu, fot. Adam Wierzba

49 Le « Chevalier au cygne », détail de la seconde tapisserie, Tournai, entre 1450 et 1460. Krakow, Museum Wawel.
© Krakow, Zamek Krolewski na Wawelu, fot. Adam Wierzba

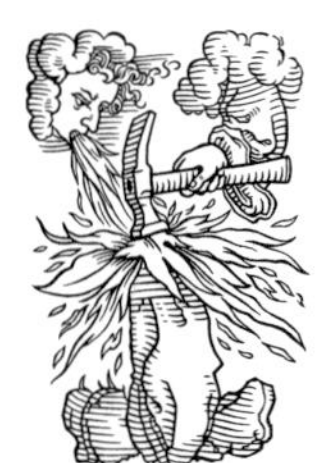

Le sigle de Schwabe, maison d'édition et imprimerie fondée en 1488, remonte à la famille d'imprimeurs Petri et aux débuts de la typographie. Il fut sans doute dessiné par un élève de Hans Holbein et illustre un passage de la Bible: «Ma parole n'est-elle pas comme un feu et comme un marteau qui fait éclater le roc?» (Jérémie 23,29).